설교자,
왜 인문학을 공부해야 하는가?

ㄹ
글과길

설교자,
왜 인문학을 공부해야 하는가?

김도인 저

발행일	2021년 6월 1일
펴낸곳	글과길
	등록 제2020-000078호[2020.5.29]
	서울특별시 송파구 삼학사로 19길5 3층 [삼전동]
	wordroad29@naver.com
편집	이영철 ibs5@naver.com
디자인	디자인소리 ok@dsori.com
공급처	하늘유통
	경기도 파주시 광탄면 분수리 350-3
	전화 031-947-7777
	팩스 0505-365-0691

ISBN 979-11-973863-2-9 03230
가격 12,000원

설교자,
왜 인문학을 공부해야 하는가?

추천사

사막에서 삽질을 아무리 열심히 해도, 사막은 사막이다. 사막에서는 오아시스를 찾는 것이 급선무다. 사막의 오아시스는 갈증을 해결한다. 식물을 자라게 한다. 그늘을 제공한다. 그리고 사막을 횡단하는 사람에게 이정표가 된다. 《설교자, 왜 인문학을 공부해야 하는가?》, 이 책은 목회자에게 삽질이 아니라, 오아시스를 제공한다.

해녀는 바닷물에 잠수해 소라, 전복, 미역 등 해조류와 패류를 캐며 살아간다. 육지 사람들은 때때로 바다에서 지친 삶을 위로받지만, 섬사람들에게는 바다가 삶의 터전이다. 숨을 참고 바다에 뛰어들어 물질하는 해녀에게, 바다는 인생 그 자체다. 물질을 익히기 시작한 해녀들은 능숙한 솜씨로 바닷속을 왕래한다. 숨을 멈추고 잠수했다가, 물 위로 올라와 테왁을 끌어안고 숨을 고른다.

목회자가 사막에서 삽질만 하고 있으면 미세먼지의 발상지가 될 수도 있다. 삽질이 갑(甲)질이 될 수도 있다. 목회자에게는 삽질과 함께 해녀의 물질이 필요하다. 신학이라는 삽질을 하면서 오아시스를 찾았다면, 갈증이 해결된 것이다.

해녀의 물질처럼 온몸을 담글 수 있는 바다가 인문학이다. 이 책은 목회하느라 진땀을 뺀 목회자들을 시원한 해수욕장으로 안내하는 책이기에 추천한다.

석근대 목사(동서교회 담임)

장사를 하는 사람은 손님과 절대로 다투지 않는다. 비록 블랙 컨슈머 Black Consumer일지라도 다투지 않는다. 코로나19는 교회에 위기를 가져왔다. 지금 교회는 전도傳道해야 할 세상과 다투고 있다. 다툼 속에서 민족의 희망이던 교회가 사람들에게 외면받는 집단으로 전락했다. 세상과 다투기보다는 이해하고, 인내하고, 담아내고, 포용해야 하는 교회를 향해 저자는 안타까운 마음으로 이 책을 써 내려갔다.

《설교자, 왜 인문학을 공부해야 하는가?》에서 저자의 고백은 감동으로 다가온다. 그는 한때 신학적 원칙 속에서 교리적·선포적 설교를 주로 하였다고 한다. 그러나 그 설교는 공감을 얻지 못했다. 공감과 감동이 없는 설교는 성도만이 아니라, 아내와도 갈등을 유발했다. 하지만 인문학을 공부하면서 소통, 공감, 마음공부를 터득한 저자가 설교 후 아내와 아들로부터 박수를 받았다는 장면은 도전이 된다.

과거의 안일한 습관을 일도결단근주—刀決斷根株하고, 사역의 풍성한 열매를 맺고 있는 저자의 《설교자, 왜 인문학을 공부를 해야 하는가?》의 외침이 들풀처럼 번지기를 바래 본다.

나 하나 꽃피어
풀밭이 달라지겠느냐고
말하지 말아라.

네가 꽃피고 나도 꽃피면
결국 풀밭이 온통
꽃밭이 되는 것 아니겠느냐.

조동화, 〈나 하나 꽃피어〉 부분

  이 책을 읽은 설교자 한 사람, 한 사람이 낭중지추囊中之錐가 되길 원한
다. 세상에서 조롱받고 있는 교회, 상한 갈대와 같은 교회, 꺼져가는 등
불과 같은 교회, 상처투성이인 교회를 부탁한다. 길을 잃고, 병들고, 아
픈 교회를 외면하며 돌을 던지기보다는, 회복을 위해 자기 목숨을 드려
서, 아름다운 꽃을 피우기를 간절히 기도한다.
  이 책을 읽고 실천하는 설교자에게 다시 한번 교회를 부탁한다.

                                성기태 목사(좋은교회 담임)

  한국 사회에 인문학 열풍이 불고 있다. 그러나 교회 안에서는 여전히
반응이 시큰둥하다. 성도들보다 목회자가 더 그렇다. 그 이유가 무엇일

까? 인문학에 대한 오해 때문이다. 인문학을 '인본주의'로 오해하고 있기 때문이다. 그리스도인은 하나님을 유일신으로 믿고 살아가는 '신본주의'의 삶을 사는 사람이다. '신본주의'의 삶과 '인본주의'의 삶은 대치될 수밖에 없다. 하지만 인문학은 '인본주의'가 아니다. 인문학을 '인본주의'로 보는 것은 편향된 시각이다. 인문학은 인간이 그리는 무늬를 탐구하는 학문이다. 인간을 이해하기 위한 학문이다.

100세가 넘은 김형석 교수는 《그리스도인에게 왜 인문학이 필요한가?》라는 책에서 그리스도인들이 인문학적인 소양을 갖추지 못하고 있는 것에 대해 안타까워한다. 특히 사회의 정신적 지도자의 위치에 있는 목회자들이 인문학에 관심이 없는 것에 대해 더더욱 안타까움을 호소한다.

성도들이 가끔 하는 말이 있다. "우리 목사님은 세상을 너무 몰라." 이 말은 달리 표현하면 목사가 인문학 공부를 하지 않았다는 의미다. 인간에 대한 이해가 없다는 뜻이다. 목사들은 하나님의 말씀을 전하기만 하면 책임이 끝났다고 생각하는 경우가 많다. 그렇지 않다. 청중에게 하나님의 말씀이 제대로 들리지 못하게 했다면, 그 책임은 목사에게 있다. 목사가 청중을 이해하고, 청중에게 들리는 설교를 하기 위해서는 인문학을 공부해야 한다.

김도인 목사의 《설교자, 왜 인문학을 공부해야 하는가?》는 이런 측면에서 굉장히 중요한 책이다. 김도인 목사는 오랜 기간 공부하고 설교자들을 가르쳐온 노하우를 가지고 이 책을 집필했다. 이 책은 설교자가 왜 인문학 공부를 해야 하는지를 분명하게 제시하고 있다. 아직 인문학을 오해하고 있는 설교자는 반드시 읽어야 할 책이다. 청중을 제대로 이해하고, 제대로 된 설교를 하고 싶은 설교자라면 반드시 읽어야 하는 책이다.

이재영 목사(DECORUM데코룸 연구소 소장)

프롤로그

'어른'은 '교양'을 쌓음으로 만들어진다

"어른이 없다?"

이 시대의 비극은 존경할 만한 어른이 없다는 것이다. 코로나19를 거치면서 교회에도 어른이 없음이 드러났다. 사사기 시대처럼 각기 소견에 옳은 대로 행하고 있다. 교회는 무지렁이 같은 사람들만 존재하는 곳처럼 보인다. 교회건 사회건, 어른이 되려면 상식과 교양을 갖춰야 한다.

상식이 통하지 않으면 들려오는 소리가 있다.

"상식이 통하는 신학교가 되어야 하지 않습니까?"

신학교 1학년 때, 신학생들이 학교 측에 던진 말이다. 그 당시 이 나라는 상식이 통하지 않는 독재적인 상황이었다. 신학생들이 보기에 신학교도 예외가 아니었다. 그래서 신학교만이라도 상식이 통하는 곳이 되기를 원하며 이 말을 외쳤다.

아내는 신혼 초에 '우아하게'라는 말을 종종 사용했다. 다른 말로 '교양 있게' 말하고 행동하고자 했다. 교양이 있어 보이는 말과 행동 때문에 아내와 결혼한 면도 있었다. 그렇다면 나는 교양이 있었는가? 나도 교양이 없었다.

당신이 어른이거나 어른이 되고자 한다면 먼저 교양 있는 사람이 되어야 한다. 행복한 사회를 구성하는 요소가 교양이기 때문이다. 그럼 어떻게 해야 교양을 갖춘 사람이 될 수 있는가? 교양 있는 사람이 되려면 스스로 사고하고, 문제에 대처하며, 어른답게 말하고 행동해야 한다.

"무식하면 용감하다"라는 말이 있다. 이 말은 교양이 없다는 말의 다른 표현이다. 독재 정권의 사람들에게서 교양이란 것은 찾아볼 수 없었다. 박종철 고문치사 사건을 발표하던 강민창 당시 치안본부장의 황당한 말이 그것을 보여준다.

"'탁' 치니 '억' 하고 죽었다."

이 말은 그 정권이 어느 정도로 교양이 없는지를 적나라하게 보여주었다. 당시에도 어른을 자처하는 사람은 많았지만 진정한 어른이 없었던 것이다.

어떤 조직이든 어른이 있어야 한다. 특히, 진리를 추구하는 교회는 어른이 있어야 한다. 어른은 나이를 먹는다고 저절로 되지 않는다. 교양을 갖춰야 어른이다.

교양은 쌓아야 한다

《일을 잘한다는 것》은 일본 최고의 경영 컨설턴트인 야마구치 슈와 일본 최고의 경쟁전략 전문가 구스노키 겐이 공저한 책이다. 구스노키 겐이 질문하고 야마구치 슈가 답을 하는 방식으로 쓰인 이 책에서 구스노키 겐이 이런 말을 한다.

> "야마구치 선생님은 오랫동안 '기초교양'의 중요성을 강조해오셨습니다. 기초교양이란 자신의 가치기준을 자신의 언어로 타인에게 설명할 수 있다는 것이죠. 자신이 스스로 형성한 가치의 기준이 있다는 것, '자각적인 것이 있다는 것', 그것이 바로 '교양이 있다'는 것입니다. 이렇게 볼 때 교양 형성의 본질에는 예술과 감각이 있습니다."

기술정책 학자이면서 현재 기업의 홍보와 위기관리 분야에서 일하는 전영춘은 《어른의 교양》에서 시간으로 만들어지는 생물학적 '어른'이 아닌, 스스로 사고하고 성찰하고 행동하는, 어른다운 어른을 말하고 있다.

> "어른의 교양이란 어른들만을 위한 매뉴얼도, 말로 전제하며 뽐낼 수 있는 지식도 아니다. 나이를 벗어나 진정한 어른으로서의 품위를 갖고자 하는 사람이 쌓아야 하는 최소한의 소양이다."

교양은 시간이 흐른다고 쌓이지 않는다. 교양은 스스로 쌓아야 한다. 시간을 투자하고, 마음으로 공을 들여야 한다. 다른 사람들이 교양의 사람이라고 인정할 때까지 쌓아야 한다.

나이 든 어른이라고 후배들에게 한마디 함으로써 자신의 존재감을 드러내려는 사람들이 있다. 하지만 후배들은 그를 어른으로 인정하지 않는다. '꼰대'로 받아들일 뿐이다. 후배들에게 '꼰대'로 취급되는 이유는 교양이 없기 때문이다. 어른 대접을 받으려면 먼저 어른다운 교양을 갖춰야 한다.

한국교회는 교양이 있는가?

2020년 2월에 기독교윤리실천운동본부가 전국 성인 남녀 1,000명을 설문 조사한 결과, 한국교회를 신뢰하지 않는다는 비율이 63.9%로 나타났다. 이는 신뢰한다는 응답의 두 배 수준이다. 특히 30~40대는 4명 중 3명이 불신한다고 응답했다. 응답자들은 한국교회가 세상과의 소통이 원활하지 않고 사회 통합에도 기여하고 있지 않다며, 배타적인 모습으로 신뢰를 잃고 있다고 인식했다. 이는 3년 전인 2017년 기윤실 여론조사 때의 불신율 51.2%보다 12.7%나 증가한 수치이며, 2013년의 44.6%보다는 20% 가까이 높은 수치이다. 이토록 높은 불신율은 한국교회의 교양 부족을 드러낸다.

2021년 1월 한국교회총연합 신년 기자간담회에서 한국교회총연합회는 앞으로 한국교회가 '찬란한 바보'의 교회가 되겠다고 했다. 한교총은 한국교회에 대한 국민의 신뢰도가 상당히 낮다는 점을 알고 있다고 하

면서, 이를 회복하기 위해 '교회의 윤리와 도덕성 회복, 사회적 약자를
돌볼 것, 생명 존중과 건강한 가정을 기초로 한 국가 비전 제시' 등을 약
속했다. 더 나아가 교회가 '허들링 처치'가 될 것을 다짐했다.

허들링 처치는 서로를 품고, 위로하고 격려하는 공존과 협력의 교회를
뜻하는 말이다. 남극에 사는 황제펭귄은 영하 50도까지 내려가는 극한
의 추위를 이기기 위해 밖에서 안으로, 안에서 밖으로 뱅글뱅글허들링 돌
면서 서로의 체온을 지켜준다고 한다.

한국교회는 틈만 나면 세상에 대한 교회의 사명을 이야기한다. 그러나
교회의 사명을 이야기하기에 앞서 한국교회는 먼저 교양을 쌓아야 한
다. 세상이 교회에 대해 '허들링'하는 조직이라고 인정할 때까지 교양을
채우는 데 우선순위를 두어야 한다.

한국교회의 문제는 교양 부족이다

'한국교회의 문제가 무엇인가?'라고 질문하면 대부분 '기도하지 않는
다', '신앙으로 살지 않는다'라는 대답을 한다. 그러나 한국교회의 진정
한 문제는 교양이 없는 것이다. 나는 한국교회 쇠퇴의 원인이 교양의 수
준이 낮기 때문이라고 생각한다.

이를 앞서 보여준 곳이 서양의 교회다. 연세대학교 명예교수인 김형석
교수는 서양 교회가 쇠퇴한 것은 그리스도인의 교양이 세상 사람들보다
낮았기 때문이라고 말한다. 이를 뒷받침해주는 책이 있는데, 청년신학
아카데미 공동대표인 오형국 목사가 쓴 《매튜 아놀드와 19C 영국 비국
교도의 교양문제》이다. 이 책에서 매튜 아놀드는 19세기 영국 기독교가

쇠퇴한 이유가 기독교인의 교양 수준이 낮았기 때문이라고 말한다.

> "그리스도인의 교양이 세상보다 뒤떨어지자 교회가 쇠퇴하기 시작했다."

서양의 기독교가 쇠퇴하는 데 일조한 것이 그리스도인의 교양 부족이었다. 마찬가지로 한국교회가 쇠퇴하는 이유도 설교자와 그리스도인의 교양이 세상 사람보다 낮기 때문이다.

고대 로마의 정치가 겸 저술가인 키케로Marcus Tullius Cicero는 연설가를 이야기하는데, 그가 언급한 연설가는 그럭저럭한 연설가가 아니라 '이상적 연설가'이다. 그가 말하는 이상적 연설가는 '후마니타스'humanitas, 곧 보편적 교양을 가진 연설가이다.

설교자는 소위 연설가이다. 연설가는 보편적 교양을 갖추어야 한다. 설교자가 신학적으로 준비되는 것만으로는 부족하다. 그에 앞서 교양을 갖춰야 한다. 그 이유는 삶에서 교양이 더욱더 중요해졌기 때문이다. 설교자는 보편적 교양을 갖추어야 한다. 만약 설교자가 보편적 교양을 갖추지 못하면 다른 사람보다 더 위험한 존재가 된다.

코로나19를 거치면서 우리는 보편적 교양이 없는 신천지, 전광훈 목사, 인터콥, IM 선교회 등을 경험했다. 그들 때문에 한국교회 전체가 더 큰 어려움을 겪게 되었다. 우리는 그들이 우리와 다르다고 항변하지만, 세상 사람들의 눈에는 우리나 그들이나 다 똑같은 '한국교회'로 보일 뿐이다.

설교자, 왜 인문학을 공부해야 하는가?

야마구치 슈는《철학은 어떻게 삶의 무기가 되는가》에서 이런 말을 한다.

"교양이 없는 전문가보다 위험한 존재가 없다."

코로나19를 지나면서 설교자는 교양 없는 전문가로 사람들에게 각인되었다. 그 결과 세상은 교회와 설교자를 상종하기 싫은 존재, 위험한 존재로 인식한다. 어떤 사람들은 교회를 향해 "한국 땅에서 떠나라"라는 극단적인 말까지 한다. 사회적 거리두기 단계가 강화되어 오래도록 지속되는 것이 교회 탓이라고 말한다.

설교자의 교양 수준이 세상 리더의 수준보다 높아야 한다. 그리스도인은 세상 사람보다 높은 교양 수준을 갖춰야 한다. 그러기 위해서는 신앙 교양뿐 아니라 세상 교양을 쌓아야 한다. 한국교회의 문제는 다름이 아니라 교양 부족이다.

원래 한국교회는 교양이 높았다

과거에 한국교회는 사회보다 교양 수준이 높았다. 교회는 이웃의 어려움을 함께할 때도 교양 있게 했다. 오른손이 한 것을 왼손이 모르게 하는 교양을 갖춰서 했다.

너는 구제할 때에 오른손이 하는 것을 왼손이 모르게 하여 네 구제함을 은밀하게 하라 은밀한 중에 보시는 너의 아버지께서 갚으시리라 _마 6:3-4

오른손이 하는 것을 왼손이 모르게 하라는 말씀대로, 하나님을 바라보며 사회의 그늘진 곳에 말없이 손길을 뻗쳤다. 나는 15년 전에 사회복지를 공부하면서, 한국교회가 사회복지 분야의 3분의 2 이상을 감당하고 있다는 것을 알게 되었다.

2008년 3월 19일 중앙일보에 따르면 5년간 한국에서 헌혈한 종교단체 가운데 개신교인이 83.4%, 가톨릭 교인이 10%, 불교 신자가 0.9%를 기록했다. 골수와 장기기증은 비종교인과 종교인구가 반반씩이었는데, 종교인 중에는 개신교인이 절반 이상을 차지했다.

최근 보건복지부가 종교별로 사회복지법인의 수를 파악해 보니, 종교계에서 운영하는 사회복지법인은 총 507개인데, 이 중 기독교가 251개로 가장 많았고, 불교가 125개로 그 절반 수준이며, 천주교는 105개, 원불교는 16개 등으로 나타났다.

특히 사회복지사들의 개인 종교를 조사해 보면 개신교의 비율은 더 뚜렷해진다. 그뿐만 아니라 현재 한국에서 널리 알려진 구호단체들, 즉 월드비전, 국제기아대책 본부, 굿네이버스, 컴패션, 해비타트 등을 보면 모두 기독교적인 배경을 가지고 있는 기관들이다.

교회가 사회에 손길을 내밀되, 드러내지 않고 사랑으로 했다. 다른 말로 교양 있게 한 것이다. 그랬기에 독립운동가 백범 김구 선생이 학교 10개 세우는 것보다 교회 하나 세우는 것이 낫다고 한 것이다.

> "경찰서 100개 세우는 것보다 학교 10개 세우는 게 낫고, 학교 10개 세우는 것보다 교회 하나 세우는 것이 낫다."

과거에 한국교회는 사회보다 교양이 높았다. 그러나 안타깝게도 지금은 정반대의 모습을 보여주고 있다. 이를 다시 역전하여 교회가 사회보다 높은 교양을 갖춰야 한다. 이것이 지금을 살아가는 설교자의 책임이다.

교양을 쌓으려면 인문학의 도움을 받아야 한다

교양이 중요하다. 교회의 리더인 설교자의 교양이 사회의 리더보다 높아야 한다. 그러려면 교양을 쌓아야 한다. 어떻게 교양을 쌓을 수 있는가? 교양을 쌓으려면 인문학의 도움을 받아야 한다.

신학을 공부하면 영성을 쌓게 된다. 신학을 한 설교자는 다음으로 인문학을 공부해서 교양을 쌓아야 한다. 김형석 교수는 2015년 9월 24일자 〈한국일보〉와의 인터뷰에서 '인문학, 즉 휴머니즘과 기독교 정신은 하나의 강물에 흐르는 두 물줄기'라고 이야기한다. 그리고 최근 세상에 부는 인문학 열풍의 이유는 '교회가 세상 사람들에 게 진리와 해갈을 주지 못하기 때문'이라고 말한다.

> "최근 인문학 열풍은 교회가 세상 사람들에게 진리와 해갈을 안겨주지 못하고 있다는 반증으로도 볼 수 있다."

그가 인문학과 기독교 정신이 하나의 강물에 흐르는 두 물줄기라고 한 것은, 그리스도인에게 인문학이 절실히 필요하기 때문이다. 신앙만 강조하면 교회주의로 흐르게 되고, 교회주의로 흐르면 목회자들이 큰 예배당 짓는 일에 몰두하고 교회를 위해서만 기도하게 된다고 그는 말한다. 그러나 교회는 자신이 아니라 세상을 위해, 국가와 민족을 위해 일해야 한다.

세상, 국가, 그리고 민족을 위해 일하려면 인문학을 해야 한다. 영성을 갖춘 그리스도인이 교양도 쌓을 때, 교회는 물론 사회를 균형 있게 세우는 사명을 감당할 수 있다.

차 례

추천사   5

프롤로그   11

Chapter 1. 설교자와 인문학   **25**

   1. 인문학의 부활   27

   2. 설교자는 평생 공부하는 사람이다   31

   3. 설교자가 인문학을 공부해야 할 이유   38

   4. 인문학을 중시한 초창기 미국 청교도   48

   5. 설교자에게 인문학은 선택이 아니라 필수   53

   6. 인문학의 부재가 가져오는 고통   58

Chapter 2. 설교에 인문학을 담으라

   1. 신학은 제일의 학문이다   69

2. 신학은 인문학의 한 분야이다   73

3. 인문학은 설교의 지평을 넓혀준다   80

4. 설교자는 인문학을 품어야 한다   86

5. 설교에 인문학을 담아내야 한다   93

6. 인문학을 담아내려면 열린 마음이 필요하다   99

Chapter 3. 인문학은 마음공부다

1. 인문학은 청중의 마음공부다   111

2. 마음공부가 설교자의 마지막 공부다   122

3. 인문학은 마음을 다스리게 한다   126

4. 인문학은 생각의 사람을 만들어낸다   133

5. 인문학은 '여전함'에서 '역전함'으로 방향을 틀어준다   142

6. 인문학은 인생 문장을 만들게 한다   151

Chapter 4. 인문학이 설교자의 답이다

1. 인문학은 깊은 내공의 사람으로 만들어준다   159

2. 인문학은 소통의 설교자로 거듭나게 한다   168

3. 인문학은 질문의 사람으로 만들어준다   177

4. 인문학은 눈높이에 맞추는 사람이 되게 한다   184

5. 인문학은 설교자의 삶과 설교, 그리고 미래에 답이 된다   193

에필로그   203

Chapter 1.
설교자와 인문학

01

설교자와 인문학

1. 인문학의 부활

2. 설교자는 평생 공부하는 사람이다

3. 설교자가 인문학을 공부해야 할 이유

4. 인문학을 중시한 초창기 미국 청교도

5. 설교자에게 인문학은 선택이 아니라 필수

6. 인문학의 부재가 가져오는 고통

1

인문학의 부활

인문학은 르네상스를 통해 부활했다

인문학은 인간이 인간을 관찰하기 시작한 것에서 시작되었다. 인간에 대한 관찰을 심도 있게 고민한 것이 '르네상스'다. 그래서 인문학 하면 떠오르는 말이 '르네상스'다.

인문학은 언제 시작되었는가? 서양적 전통에서 인문학은 기원전 5세기, 그리스 철학자 플라톤이 지도자 양성을 위한 최초의 대학인 '아카데미아'를 설립하고 인간 됨의 본질을 교육하기 시작하면서부터 시작되었다.

교육이 시작되자, 고대 그리스에서는 이상적인 인간을 기르는 교육인 '파이데이아'를 시작했다. 이 '파이데이아'가 고대 로마로 건너가서 '후마니타스' 즉 인문학이 되었다. 로마는 인문학으로 인해 찬란한 로마 문명의 꽃을 피워냈다.

로마 문명을 꽃피웠던 인문학은 중세에 신학이 꽃을 피우게 되자 저절로 뒤로 밀렸다. 오랜 시간이 흐른 뒤 다시 인문학이 부활하게 된 것이 바로 인문주의 운동인 르네상스 운동이다.

르네상스 운동은 15세기 초 이탈리아에서 시작되었는데, 바로 중세의 신 중심의 세상을 부정함으로 시작되었다. 그 결과 중세 이전에 있었던 고대 그리스·로마 문화로의 회귀, 즉 고대 문명의 부활을 추구했다. 고대 문명 부활의 추구는 다름 아닌 인간성의 해방과 인간의 재발견이었다. 그 결과 당시 인문학자들은 '인간성에 관한 연구'로서 인문학을 꽃피우고자 했다.

인문학의 촉발자 페트라르카

인문학을 촉발한 두 계기가 있다. 하나는 르네상스 시대 최초의 인문주의자인 페트라르카Francesco Petrarca이다. 또 다른 하나는 중세 대학의 위기이다.

페트라르카는 이탈리아의 시인이며, 인문주의의 선구자였다. 그는 중세를 인간의 개성이 억압된 '암흑의 시대'로 보았다. 그래서 고전 학문을 부흥시켜 문화의 절정기인 고대로 돌아가야 한다고 주장했다. 그는 고대 그리스·로마 시대를 문화가 꽃핀 절정기로 보았지만, 중세 시대는 인간성이 철저히 무시되어 발현될 수 없었던 암흑의 시대라고 보았다. 그리하여 인간의 문명을 다시금 부흥시키기 위해서는 고전 학문의 부흥이 필요하다고 역설했다.

중세 대학의 위기가 인문학을 촉발했다

인문학을 촉발한 사람이 페트라르카라면, 인문학을 촉발한 조직은 대학이다. 중세 대학의 위기가 인문학을 촉발했다. 강신주는 《인문학 명강-동양고전》에서 인문학이 촉발된 계기를 이렇게 이야기한다.

"인문학은 중세 대학의 위기로부터 촉발되었다. 중세 대학에서는 신학, 법학, 의학이 학문의 꽃이었다."

중세는 교황의 전성시대이다. 그의 말 한마디로 도시가 사라지고, 수많은 사람을 죽인 일도 정당화되었다. 중세에 종교란 신에 대한 경건이고, 교황은 신의 대리자였기 때문이다.

또한 교회는 사람들 위에 군림하기 위해 교육산업도 독점하기 시작했다. '대학'이라는 개념은 중세 때 처음 나타났다. 당시 대학은 교회 학교였다. 선생은 신부였고, 배우는 과목도 신학이었다. 당시 백성들은 자신만의 성경을 가질 수 없었다. 자신만의 성경을 가질 수 없으니 성경의 내용이 무엇인지 알고 싶으면 신부를 통해서 들어야만 했다. 지식을 알고자 한다면 오로지 신부에게 의존할 수밖에 없었다. 당연히 중세에 지식의 공식은 '지식=성경×논리'일 뿐이었다.

이런 상황에서는 다른 학문인 법학과 의학도 설 자리가 거의 없었다. 중세는 물론 고대까지도 모든 윤리적 권위의 출처는 성경이었기 때문이다. 그 결과 신학으로 인해 과학과 철학, 예술은 물론 문명 자체의 발전에 방해가 되었다. 이런 상황에서 과학과 철학, 예술은 자기 자리를 차지하려 했다. 그 도구가 대학이었다.

예루살렘 히브리대학교 교수인 유발 하라리Yuval Noah Harari는 《호모데우스》에서 이런 상황에 대한 대안이 인본주의였다고 말한다. 인간이 스스로에 대한 확신을 얻으면서 윤리적 지식을 획득하는 새로운 공식이 등장했다는 것이다. 그 결과 지식은 성경×논리가 아니라, 경험×감수성이 되었다.

페스트가 결정적인 역할을 했다

인문학은 르네상스를 통해 부활했다. 그리고 대학의 위기가 인문학 촉발에 한몫했다. 또 하나, 당시 유행했던 페스트가 결정적인 역할을 했다. 페스트가 유행하게 되자 사람들이 하나님께 기도하기 시작했다. 그러나 아무리 기도해도 페스트는 더욱더 퍼져나갔다. 그러자 사람들은 자신의 정체성에 대해 의문을 품기 시작했다.

《호모데우스》에 보면 인문학은 당시 지도자들에게 "나는 누구인가?"Who am I를 스스로 질문하라고 끊임없이 요구했다. "나는 누구인가?"라는 이 질문은 결국 인문학의 중심을 꿰뚫는 질문이 되었다.

또한 인문학은 자신이 속한 공동체를 이끌고 가야 하는 지도자로서 "나는 어떻게 살아야 하는가?"How to Live라고 끊임없이 질문하도록 요구했다. 그것은 위기의 때에 지도자는 "무엇을 추구하면서 살아야 하는가?"What to do에 대해 늘 숙고해야 하기 때문이다.

인문학은 언제든지 자기에게 질문함으로써 자신이 누구인가를 알게 하는 것이다.

2
설교자는 평생 공부하는 사람이다

설교자는 학문하는 사람이다

라벤더Lavender라는 꽃이 있다. 라벤더의 꽃말은 기대, 정절, 침묵, 불신, 풍부한 향기, '나에게 대답하세요' 등이다. 그중 하나가 두비움Dubium인데, 그 뜻은 '의심'이다.

의심이란 결코 좋은 것이 아니다. 그러나 때로는 무턱대고 믿는 것보다 의심하는 것이 더 나을 때가 있다. 의심이 가장 필요할 때는 '학문을 할 때'이다. 학문하는 자세는 의심이 전제되어야 한다. 의심하는 것이 학문 발전에 도움이 되기 때문이다.

설교자가 되려면 학문을 해야 한다. 그중 하나가 신학이다. 설교자는 신학을 열심히 공부해야 한다. 할 수만 있다면 신학에 정통해야 한다. 어떤 설교자들은 초대교회 때 사람들이 공부했다는 말이 없다고 하면서 학문을 폄하하기도 한다. 그러나 바울, 베드로, 누가, 마태 등이 성경을 쓴 것을 보면 그들이 무식한 사람이 아님을 알 수 있다.

지금은 교육 수준이 높아졌다. 2009년에는 고교 졸업자의 대학진학률이 77.8%였으며, 2017년에는 68.9%로 낮아졌으나, 2019년에는 70.4%, 2020년에는 72.5%로 상승했다. 이처럼 교육 수준이 높아지면 설교자는 더욱더 학문에 정진해야 한다.

최근에는 설교자들이 M.Div_{Master of Divinity}로 공부를 마치지 않고 신학 석사인 Th. M_{Master of Theology}, 혹은 D.min_{Doctor of Ministry}까지 하는 경우가 많다. 설교자는 학문하는 사람이어야 한다. 더 나아가 평생 공부하는 사람이어야 한다.

설교자는 최고의 지식인이어야 한다

사회는 '지식'으로 구성되어 있다. 리더들은 더욱더 지식으로 구성되어 있다.

세상 사람들은 목회자에게 이런 기대를 한다.

> "목회자는 최고의 지식인이어야 한다."
> "공붓벌레가 목회자의 기본이어야 한다."
> "서울대학교 이상의 지력을 갖추어야 한다."

그러나 목회자가 공부에 대해 바라보는 시선은 사뭇 다르다.

> "성경과 영성으로 충만하면 된다."
> "하나님을 아는 것만으로 충분하다."

———————————————— 설교자, 왜 인문학을 공부해야 하는가?

이처럼 세상이 설교자를 바라보는 시각과 설교자가 설교자를 바라보는 시각은 큰 차이가 난다. 아니 하늘과 땅만큼 차이가 난다.

나는 예전에 설교자는 영혼을 사랑하고, 기도를 많이 하며, 전도의 열정이 있으면 된다고 생각했다. 하지만 지금은 다르다. 영혼을 사랑하는 만큼 지력이 뒷받침되어야 한다고 생각한다.

작가 이지성은 《에이트》에서 설교자가 왜 출중한 지식을 갖추어야 하는가를 보여주는 말을 한다.

> "국가는 '지식'의 달인들이 이끌어간다. 사회 또한 지식의 달인들이 이끌고 간다."

세상은 지식인들이 아니라 '지식'의 달인들이 이끌어간다. 그 말은 설교자도 '지식'의 달인이 되어 세상을 이끌어가야 한다는 말이다.

세상이 급변하고 있다. 지식은 사람만의 전유물이 아니다. 인공지능은 더 많은 지식을 추구한다. 심지어 밥도 먹지 않고, 잠도 자지 않으면서 지식을 쌓아간다. 인간은 지식 면에서 인공지능을 결코 따라갈 수 없다.

우리나라는 과거부터 지식으로 구성된 사회였다. 조선은 대표적인 지식사회이다. 그리고 조선의 지식을 이끈 것은 성리학이다. 조선은 성리학을 통치이념으로 삼아 세워진 나라이다. 그 말은 학문이 조선을 세우고 이끌었다는 뜻이다. 조선이 무려 500년 동안이나 나라를 유지할 수 있었던 비결이 그것이다.

현대 사회 역시 지식으로 구성되어 있다. 인공지능까지 쉬지 않고 지

식을 습득한다. 그렇다면 설교자는 최고의 지식인이 되기 위해 힘써야
한다.

조선의 왕들은 엄청난 공부를 했다

조선의 왕들은 평생 배움을 놓지 못하는 사람들이었다. 왕들에게 제왕
학이 기본이었기 때문이다.

왕은 기본적으로 대학, 논어, 맹자, 중용의 '사서'와 시경, 서경, 역경의
'삼경'을 기본적으로 공부해야 했다. 여기서 그치지 않고 국조보감, 자치
통감, 춘추, 치평요람 등의 역사서는 물론, 병법, 어학, 글쓰기, 의학, 음
악, 풍수지리 등 다양한 실용 학문까지 공부해야 했다. 왕은 학문 연마를
통해 자신을 지키고, 더 나아가 나라를 잘 다스리기 위해 세상의 모든
지식을 섭렵해야 했다.

왕의 학문 연마는 여기서 그치지 않았다. 많은 경연까지 섭렵해야 했
다. 성균관대학교 한국철학문화연구소 책임연구원인 김준태는《왕의 공
부》에서 왕의 '경연'을 이야기한다.

> "조선에는 '경연'이라는 제도가 있었다. 왕과 삼정승을 비롯한 의
> 정부의 재상들, 대제학, 홍문관의 신진 관리들, 대간, 명망 높은 학자
> 들이 모여 유학 경서와 역사서를 강론하고, 그와 관련된 정치 문제,
> 정책 현안을 논의한 자리다. 이 시간에는 정식 회의보다 훨씬 자유
> 롭고 진솔한 의견이 오고 갔다. 경연을 통해 왕은 자신을 반성하고
> 신하의 의견을 경청하는 자세를 배우려 했다.

실록에 세종은 '경연에 임어했다'라는 표현이 2천 건 이상 기록되어 있을 정도로 수시로 경연을 진행했으며, 정조는 신하들의 수준이 마뜩잖아 경연과 소대의 횟수를 줄이고 오히려 신하들을 직접 가르치기도 했다. 이처럼 자발적이고 능동적으로 경연에 참석했던 왕들이 곧 조선의 전성기를 이끌었다."

세종이나 정조 시대가 조선 시대의 르네상스가 될 수 있었던 이유는 다름이 아니라 왕들이 학문에 최우선의 가치를 두고 정진했기 때문이다.

탁월한 설교자는 엄청난 공부를 한다

로이드 존스, 스펄전, 조나단 에드워즈, 옥한흠 등 탁월한 설교자들에게는 공통점이 있다. 이들은 엄청나게 많은 공부를 한 설교자들이다. 이 시대에 탁월한 설교자가 되고자 한다면 엄청나게 많은 공부를 해야 한다.

어느 곳에 강의하러 갔을 때, 한 장로가 내게 목사들의 지적 수준이 최고여야 한다고 하며 이런 말을 했다.

"설교자는 서울대학교 법대 정도의 지력을 갖춰야 한다."

이런 말을 하는 이유는, 자신도 많은 공부를 하며 사회생활을 하는데, 자신이 보기에는 설교자들이 공부하지 않기 때문이라는 것이다. 자기 교회 설교자에게 책을 사주고 싶은 마음이 굴뚝같지만, 도대체 공부에 관심이 없어서 말도 꺼낼 수 없다고 했다. 그는 설교자가 신학은 물론 인문학 공부도 많이 해야 한다고, 침을 튀기면서 오랜 시간 이야기를 했다.

앞에서 보았듯이 나라를 다스리는 왕들은 엄청나게 많은 양의 공부를 했다. 왕들이 할 일이 없어서 공부한 것이 아니다. 공부하지 않고는 자신과 나라를 다스릴 수 없으니까 공부했다. 교수들은 학생들을 가르치기 위해 일상적으로 공부를 한다. 언론인들, 학원 강사들도 상상 이상으로 많은 공부를 한다.

그러면 설교자들은 어떤가? 천하보다 귀한 영혼을 맡은 설교자들이 왕, 교수, 기자, 강사보다 더 많이 공부해야 하지 않겠는가? 그래야 많은 설교와 여러 가지 사역들을 감당할 수 있다.

아트설교연구원 한 회원이 이런 메시지를 보냈다.

> "공부하니까 성도님들의 심방 요청이 더 많습니다. 설교에 많은 은혜를 받으신다고 합니다. 아트설교연구원을 통해 제가 조금씩 성장함이 얼마나 감사한지 모릅니다."

공부하니 성도들이 심방 요청이 더 많아진다고 한다. 나도 이런 경험을 많이 했다. 공부하기 전에 없던 심방 요청이 공부하면서 급증했었다. 설교자는 공부를 많이 해야 한다. 탁월한 설교자들은 다 공부를 많이 한 사람들이다. 그렇다면 우리도 엄청나게 공부해야 한다.

머리가 아니라 몸으로 체득된 지식을 쌓아야 한다

설교자는 머리로 하는 공부로 그치지 말고, 몸으로 체득된 공부까지 나아가야 한다. 설교자의 지식은 머리로만 아는 지식이 아니라, 몸으로 체득된 지식이어야 한다.

아트설교연구원 대표 김도인 목사와 DECORUM데코룸 연구소 소장 이재영 목사가 공저한 《감사인생》은 "머리로 아는 지식과 몸으로 체득된 지식은 차이가 크다."라고 이야기한다.

김치를 담글 때, 레시피로 담그는 것은 머리로 아는 지식이다. 체득된 지식을 담그는 지식은 레시피가 아니라 오랜 경험과 손맛이다. 설교자는 체화된 지식이 있어야 한다. 체화된 지식이라야 생명력이 있다. 설교자는 생명을 살릴 수 있는 체화된 지식을 쌓을 때까지 엄청난 양의 공부를 해야 한다.

나는 이 책을 쓰면서 설교자들의 공부를 관찰했다. 많은 사람의 부러움을 사는 설교자들은 공부가 일상이 되어 있음은 물론, 체득된 지식이 이미 쌓여 있었다.

3
설교자가 인문학을 공부해야 할 이유

아이들에게서 공부법을 배우라

공부의 중요성은 왕을 통해서만 배우는 것이 아니다. 아이들을 통해서도 배울 수 있다. 아이들은 공부하면서 논다. 설교자는 공부하면서 사역해야 한다.

아이들이 자라면 글자에 관심을 보이기 시작한다. 우리 아들이 어렸을 때는 길거리 간판의 글자가 무슨 뜻인지 귀찮을 정도로 물어보았다. 조금 더 자라자 책에 흥미를 갖고, 틈만 나면 책을 들고 와서 읽어 달라고 했다. 교인의 자녀들이 제 부모에게 책을 읽어 달라고 하는 것도 자주 보았다.

아이들이 왜 틈만 나면 책을 읽어 달라고 하는가? 부모가 공부하는 것을 좋아하고, 공부의 유익을 말해주기 때문이다. 그리고 어떤 아이들은 공부하는 것을 최고로 좋아한다. 어쩌면 책에서 인생을 발견하고, 자신이 믿는 예수님이 어떤 분인지 알 수 있다고 생각하기 때문은 아닐까?

아무튼, 아이들은 책을 좋아한다.

설교자도 어린아이처럼 공부해야 한다. 틈만 나면 책과 함께해야 한다. 내 생각으로는 어릴 적에는 스펀지가 물을 빨아들이듯 책을 빨아들인다. 그렇다고 스펀지와 같은 공부만 하려 하면 안 된다. 체크하고 점검하며, 자신만의 킬러 콘텐츠killer contents를 만들기 위해 '의심'하고, '질문'해야 한다,

설교자가 신학을 할 때는 '의심'은 될 수 있으면 피해야 한다. 하나님을 믿어야 하는 전제 조건이 주어져 있기 때문이다. 하지만 인문학을 할 때는 '의심'을 품어야 한다. 그래야 공부가 발전하기 때문이다.

아이들이 뭔가를 알게 되면 감당할 수 없을 만큼 끊임없는 질문 세례가 부모에게 쏟아진다. 이처럼 설교자는 '의심'과 '질문'을 쏟아부으며 인문학을 공부해야 한다.

'헛소리'를 하지 않으려면 인문학을 공부하라

예전에 들은 말이 있다.

> "설교자는 헛소리하지 말아야 한다."

설교자가 헛소리하지 않으려면 역사 공부를 해야 한다. 안동교회 원로 유경재 목사는 2017년 9월 4일 자 <뉴스앤조이>와의 대담에서 이렇게 말했다.

"역사의식 없는 설교는 헛소리다."

설교자가 역사의식을 지니고 설교해야 한다는 말이다. 역사의식이 있으려면 먼저 역사를 알아야 한다. 역사를 모르고서는 절대 역사의식을 가질 수 없다. 사람은 아는 만큼 행동하는 존재이기 때문이다. 그는 단지 성경 읽어 주는 것을 설교로 생각하지 않는다고 말한다. 성경을 읽어주는 것이 아니라, 성경으로 올바른 길을 선택하도록 방향을 제시하는 것이 설교라고 말한다.

그는 '헛소리'와 같은 설교는 '죽은 설교'라고 말한다. 그는 박정희 전 대통령을 비판하는 설교를 했다가 한 교인으로부터 거센 항의를 받은 적도 있다고 한다. 그 교인은 고 육영수 여사의 친척이었다.

강북제일교회 故윤덕수 목사가 정부를 향해서 날 선 비판을 하는 설교를 들은 적이 있다. 그의 역사의식 있는 설교가 그렇게 멋있어 보일 수가 없었다. 그가 그런 설교를 할 수 있었던 것은 역사의식이 깃들어 있었기 때문이다.

'헛소리'를 하고 싶은 설교자는 없다. '헛소리'를 하지 않으려면 공부해야 한다. 역사를 공부해야 한다. '역사의식'의 사전적 의미는 '어떠한 사회 현상을 역사적 관점이나 시간의 흐름에 따라 파악하고, 그 변화 과정에 주체적으로 관계하려는 의식'이다.

설교자는 역사적 존재로서의 어떤 자각을 하며 설교해야 한다. 그러려면 역사를 공부해야 한다. 성경에 역사를 잘 살려낼 수 있도록 뒷받침할 수 있는 인문학 공부를 병행해야 한다.

설교자, 왜 인문학을 공부해야 하는가?

차별성 있는 설교를 하려면 인문학을 공부하라

유경재 목사는 설교자의 공부에 대해서 이렇게 말한다.

> "신학 논문·서적을 꾸준히 읽고, 시대 흐름을 짚고, 인문학적 소양
> 을 키워라."

그리고 유 목사는 설교자들에게 '차별성 있는 설교'를 하라고 말한다. 그는 안동교회에서 정년보다 5년 일찍 조기 은퇴했는데, 그 이유 중 하나가 예년에 비해 창의력이 떨어졌기 때문이라고 말했다. 이 말은 차별성 있는 설교를 할 수 없었기 때문에 은퇴했다는 말과 같다.

그는 차별성 있는 설교를 하고 싶다면 두 가지를 하라고 권한다. 하나는 신학 논문·서적을 꾸준히 읽는 것이다. 또 다른 하나는 정치·경제·사회 등 인문학적 통찰력을 키우는 것이다.

그는 지금은 설교의 홍수 시대라고 말한다. 이젠 한 단계 더 나아가서 유튜브 설교 전성시대이다. 그 말은 차별화된 설교를 해야 한다는 말이다.

예전에 나의 설교는 새롭게 준비할 것이 없는, '결론은 언제나 버킹검'인 설교였다. 언제나 결론이 같은 설교였기에, 나의 아내는 힘들게 매주 설교 준비를 하지 말라고 했다.

설교의 홍수 시대, 유튜브 설교 전성시대에 설교자는 '나의 설교가 차별성 있는 설교인가?'를 고민해야 한다. '올해 나의 설교는 지난해의 설교와 어떤 차별성이 있는가?', '나의 설교는 다른 설교자의 설교와 어떤 차

이가 있는가?', '나의 설교는 세상의 수많은 강의와 어떤 다른 점이 있는가?' 하는 것을 고민해야 한다. 차별성을 갖추는 시작이 인문학 공부이다.

유 목사는 설교가 차별성을 갖추지 못하는 이유에 대해 이렇게 이야기한다.

> "첫째, 목사들이 신학교를 졸업한 후 교회 일에 쫓기다 보니 공부할 시간을 갖지 못하는 것 같다. 신학 논문이나 신학 서적을 꾸준히 읽으면서 성경에 대한 새로운 해석과 연구를 해야 한다.
>
> 둘째, 앞서 이야기한 대로 이 시대를, 이 역사를 읽지 못한 것이 원인이라고 본다. 매일 끊임없이 쏟아지는 뉴스를 접하면서도 시대 상황과 전혀 관계없는 성경 이야기만 하고 있다.
>
> 셋째, 나 자신에게도 해당하는 이야기인데, 목사들이 인문학 서적을 잘 읽지 않는다. 정치·경제·사회·문화·예술·종교·철학 등 인문학 전반에 관한 광범위한 지식을 바탕으로 설교가 준비되어야 한다. 이게 안 되니 차별성 없는 설교를 남발할 수밖에 없다."

그는 차별성 없는 설교의 원인 중 하나가 인문학 전반에 대한 지식의 부족이라고 말한다. 설교자들은 성경 해석, 원어 사용 등을 통해 설교의 차별성이 생길 것으로 생각한다. 그러나 그렇지 않다. 차별성은 한 사물과 사건을 바라보는 사고력, 즉 인문학적 사고력에 의해 결정된다. 설교의 홍수 시대, 유튜브 전성시대에 차별성은 자료가 넘쳐나는 신학에 의해 생겨나지 않는다. 차별성은 설교자가 접하지 않는 인문학 책과의 융합을 통한 남다른 사고력에 의해 확보된다.

사고력을 키우려면 인문학을 공부하라

이지성 작가는 《에이트 씽크》에서 세 가지 인문학 공부법을 이야기한다.

> 첫째는, 사색을 표방하되 사실은 지식만 있는 인문학 공부법이다. 우리나라의 인문학이 대표적이다.
>
> 둘째는, 사색의 모양은 있으나 본질은 없는, 당대의 지식인들처럼 생각하는 법은 배울 수 있으나 인문 고전 저자들처럼 생각하는 법은 배우기 힘든 인문학 공부법이다. 서양의 아이비리그와 명문 사립의 인문학이 대표적이다.
>
> 셋째는, 사색의 본질에 충실한, 인문 고전 저자들처럼 생각하는 법을 배우는 인문학 공부법이다. 레오나르도 다빈치나 아인슈타인의 인문학 공부법이 대표적이다.

정리하면, 첫째는 생각의 길을 모르는 인문학이고, 둘째는 작은 지혜에 이르는 생각의 길을 걷는 인문학이며, 셋째는 위대한 지혜에 이르는 생각의 길을 걷는 인문학이다.

어떤 사람은 이렇게 말할지도 모르겠다. "그저 인문 고전을 열심히 읽으면 위대한 생각의 문이 열리는 것 아니냐, 굳이 위대한 지혜에 이르는 생각의 길을 알고 그 길을 걷는 수고를 해야 하느냐?"라고 말이다.

이렇게 대답하고 싶다. 위대한 지혜에 이르는 생각의 길을 모르면 인문 고전을 제아무리 열심히 읽더라도 헛일이 될 수 있다고. 왜냐하면, 인문학을 창시하고 발전시켜온 동서양 인문 고전의 저자들에게는 그들만의 사색 공부법이 따로 있기 때문이다.

이지성은, 인문 고전은 사색을 위한 것이라고 이야기한다. 맞는 말이다. 사색할 때 자신에게 변화가 일어난다. 그리고 사색은 큰 깨달음으로 연결된다. 결국, 인문학 공부법이란 사색을 위한 공부법이다.

나는 설교를 만드는 5가지 요소를 이야기한다. 그중 하나가 사고력이다. 많은 설교자는 성경 해석력을 강조한다. 물론 성경 해석이 매우 중요하다. 하지만 나의 경우는 설교하거나 책을 쓰면 쓸수록 중요한 것이 사고력임을 절감한다. 21세기 창의성의 시대에, 창의성도 사고력이 좌우한다. 마찬가지로, 설교도 사고력에 의해 좌우된다.

내가 지금의 내가 될 수 있었던 데는 사고력이 큰 역할을 했다. 지금 나만의 것을 만들 수 있는 것, 많은 책을 쓰고, 다양한 분야의 책을 쓸 수 있는 것은 사고력 덕분이다.

이지성은 사색을 위한 인문 고전 공부를 하면, 비록 단 한 쪽을 읽더라도 인문 고전 저자의 정신과 하나가 되는 경지를 체험할 수 있고, 이는 결국 나를 완벽하게 변화시키는 동력이 된다고 이야기한다. 그의 말은 사색을 깊이 하면 저절로 경험하게 되는 것들이다.

우리는 이런 경험을 이미 많이 해왔다. 성경 읽기와 묵상을 통해 인문 고전 저자들의 사고법처럼 해왔다. 그러기에 설교자들은 익히 알고 있는 방식이기도 하다. 그러나 성경에서 그치지 말고 책을 통해서도 이 방식을 내 것으로 만들어야 한다.

서강대학교 철학과 최진석 명예교수는 2015년 동아일보와의 인터뷰에서 '생각을 선도하는 나라가 선진국'이라고 말했다.

"생각의 깊이와 폭이 나라 수준을 결정하는 시대이다."

그는 우리나라 사람들이 생각의 깊이와 폭을 추구한 것이 아니라 다른 나라에서 만든 철학을 따라 하거나 습득하려고만 애써 왔다고 말한다. 그럼 설교자들은 어떤가? 설교자들은 생각을 선도하는 것이 아니라 다른 사람들이 만들어 놓은 것을 습득하려고만 하는 경향이 짙다. 우리는 생각하는 사람이어야 한다. 그러려면 독서를 해야 한다. 독서를 통해 사고력이 넓어지고 깊어져야 한다. 깊은 우물에서 생수를 퍼내야 한다. 이런 일련의 노력을 통해 남다른 사고력을 지닐 수 있다.

인문학과 인문 고전을 하면 사고가 남다른 수준에 이르게 된다. 이는 마치 명인제약의 잇몸질환 치료제인 '이가탄' 광고 문구처럼 책을 대하기 때문이다.

'씹고 뜯고 맛보고 즐기고'

설교자는 책을 통해 맛도 보고, 사고력으로 그 맛을 즐기기 위해 인문학 공부를 해야 한다.

세인트존스 칼리지의 고전 공부법

"구글은 10년 동안 어떤 직원들이 높은 성과를 냈는지 조사했다. 처음엔 공학적 지식을 가진 인재들이 많을 것으로 생각했다. 하지만 결과는 협력적 마인드와 창의성, 소통 능력을 갖춘 이들이 더 크게 성공한 것으로 나타났다." 그는 "이런 능력은 오롯이 인문 교양 교육을 통해 길러지는 역량이다."

2018년 11월 22일 중앙일보 인터뷰에서 세인트존스 칼리지의 파나이오티스 카넬로스Panayiotis Kanelos 총장이 화두로 꺼낸 말이다. 인문 교양의 정점에 있는 것은 다름 아닌 고전이다. 고전의 중요성을 간파한 세인트존스 칼리지는 그 대학의 학제를 이렇게 이야기한다.

"전공 자체가 없다. 모든 학생은 동일한 커리큘럼으로 4년을 지낸다. 1학년 때는 호메로스의 일리아드에서부터 시작해 그리스 고전을, 2학년 때는 중세와 르네상스 학문을 배운다. 3학년 때는 코페르니쿠스로부터 과학을 만나고, 4학년 때는 니체와 같은 근대 철학가 등을 접한다."

세인트존스 칼리지는 교양 교육만으로 명문대 반열에 올라섰다. 그 비결은 200권의 고전 교육에 있다. 학생들은 대학 4년간 소크라테스부터 니체까지 오직 책을 읽고, 토론하며, 에세이를 쓴다. 그런데도 이 학교 졸업생들은 잘나가는 IT 기업부터 의학전문대학원, 로스쿨 등 다양한 분야에 진출한다. 지난 9월 뉴욕타임스는 세인트존스에 대해 '세계에서 가장 모순적인 대학'이라고 평했다. '가장 미래를 내다보는 대학이지만, 그 방법은 오로지 과거를 깊이 탐색하는 것'이기 때문이다.

세인트존스 대학이 인문 고전을 통해 학교의 분명한 정체성을 가졌듯이, 설교자도 인문 고전을 통해 설교자에게 필요한 것을 갖추는 데 도움을 받아야 한다.

4
인문학을 중시한 초창기 미국 청교도

교양으로 무장된 조나단 에드워즈

조나단 에드워즈1703-1758는 미국 1차 대각성운동의 주역이었다. 그는 미국에서 가장 위대한 신학자이자 침례교 목사로, 칼빈주의적인 경건한 청교도였다. 또한, 예일대학을 졸업한 수재로, 교양학인문학으로 잘 무장된 목사였다.

조나단 에드워즈 목사에게는 다음과 같은 생활 좌우명이 있었다.

첫째, 목숨이 살아 있는 한 전심전력을 다해서 하나님의 뜻을 이루며 살자. 내 욕심, 내 소원, 내 꿈이 아니라, 오직 하나님의 뜻을 이루며 하나님의 영광을 위하여 살자. 하나님을 기쁘시게 하며 살자.

둘째, 윤리적으로는 다른 사람을 깎아내리는 말은 절대로 하지 말자.

남을 낮추거나 비하하는 말이나 행동은 절대로 하지 말자.

셋째, 앙갚음이나 복수하려는 마음을 갖지 말자.

분풀이나 복수하려고 하지 말자. 많은 사람은 말이 없는 것 같으나 복수심이 끓어오른다.

넷째, 걱정거리나 부끄러움으로 일하지 말자.

부끄러움의 흔적을 내며 일하지 말자. 떳떳하게 살아가자.

다섯째, 모든 시간을 창조적으로, 건설적으로 사용하며 살자.

어물어물하는 시간 낭비를 하지 말자. 시간은 생명이다.

늦잠이나 게으름을 피워서는 안 된다. 시간 낭비하지 말자

조나단 에드워즈의 생활 좌우명은 신학적인 부분보다는 인문학적인 분야가 많음을 기억할 필요가 있다.

설교자 양성을 위한 하버드대학교의 인문학 교육

나는 미국 하버드대학교 교육 편제를 여기저기서 언급한다. 그 이유는 아무리 강조해도 지나치지 않다고 확신하기 때문이다. 그리고 이 자료가 설교자에게 신뢰성을 주기 때문이다.

초창기 미국의 청교도는 설교자 양성을 위해 인문학을 중시했다. 이에 반해 우리나라에서는 설교자에게 인문학을 교육하는 것에 대해 부정적으로 생각하는 사람이 많다. 설교자 중에 인문학이란 말조차 꺼리는 사람을 어렵지 않게 만나볼 수 있다. 내가 인문학을 공부한다고 하면 '과연 하나님의 말씀을 전하는 사람이 맞는가?'라는 시선으로 쳐다본다.

어느 날,《문학은 어떻게 신앙을 더 깊게 만드는가 - 시와 소설과 그리

스도인》의 저자인 이정일 목사,《인문학은 성경을 어떻게 만나는가 - 텍스트로 콘텍스트를 사는 사람들에게》의 저자인 박양규 목사와 셋이 함께 만났다. 인문학을 강조한 죄(?)로 겪은 여러 가지 에피소드를 많이들 갖고 있었다. 그만큼 인문학이 설교자들에는 반발을 불러일으키는 대상임을 말해준다.

과연 미국 청교도는 어리석었기 때문에 인문학 교육을 중시했는가? 그렇게 생각하지 않는다. 그들이 대단히 지혜로웠다고 생각한다. 그러면 왜 우리나라 신학교는 인문학을 중시하지 않는가? 인문학을 천시하거나 인문학을 인본주의로 오해하기 때문이라 생각된다.

초창기 미국 청교도의 설교자 양성 기관은 하버드대학교로부터 시작된다. 하버드대학교는 교회의 설교를 담당할 성직자 양성 기관으로 세워졌다. 하버드대학교는 설교자 양성을 위한 최적의 교육 프로그램을 제공했다. 그런 마음으로 만든 프로그램이 인문학 교육의 시작이었다.

국제기독교대학의 모리모토 안리 교수는 《반지성주의》에서 하버드대학교가 설교자 양성에 인문학 교육을 강조한 이유를 이렇게 이야기한다.

> "하버드대학교가 목사 양성이라는 목적을 분명하게 내걸고 있으면서도 전문 상급 학부로서 신학부를 요구하지 않고, 오히려 교양학부 교육을 통해 그 목적을 달성하려고 한 것은 이와 같은 개신교 특유의 대학 이해에서 비롯된 것이다."

그 결과 초기 하버드대학교1636의 학위 취득은 다음과 같다.

첫째 단계, 교양학 학사
둘째 단계, 교양학 석사
셋째 단계, 신학 학사
넷째 단계, 신학 박사 순서로 진행되었다.

당시 하버드대학교의 교양학 석사 과정은 목사가 되기 위한 필수조건
은 아니었지만, 목사가 되려는 사람은 석사 과정까지 공부하는 것이 통
례였다. 당시 교양학 석사 과정에서조차 전문적인 신학 연구는 거의 행
해지지 않았다.

이들이 교양학을 강조한 이유를 청교도 목사의 학력에서 유추해 볼
수 있다. 당시 영국에서 이주한 미국 청교도 목사들은 학력이 매우 높았
다. 1646년까지 대서양을 건너온 청교도 가운데 대학 졸업자는 132명
으로, 케임브리지 대학교 출신이 100명, 옥스퍼드 대학교 출신이 32명
이었다. 당시 식민지 전체 인구로 보면 대략 40가구에 1명 정도 되는 비
율이었다. 이들 대학 졸업자의 대부분은 교회 목사로, 전체 130명 가운
데 98명이 목사였다. 목사들이 대학에서 높은 수준의 공부를 하고, 교양
의 중요성을 인지한 사람들이었기 때문에 목회자 후보생들에게 먼저 교
양을 갖추게 한 뒤 신학을 공부하게 한 것으로 생각할 수 있다.

나는 신학을 공부하기 전에 인문학을 공부해야 할 필요성을 전혀 느
끼지 못했었다. 그러나 공부하면 할수록 인문학의 중요성을 피부로 느

끼고 있다. 초창기 청교도들은 일찍이 인문학의 중요성을 알고 있었다.

모리모토 안리에 따르면 미국 청교도 목사에게 교양 교육은 선 이수 교육이 아니라 전문교육 그 자체였다고 한다. 그 말은 인문학 교육을 설교자가 반드시 갖추어야 할 학문으로 생각했다는 뜻이다. 설교자에게 교양학은 목사가 되기 위해 반드시 공부해야 할 필수 과정이었다.

5
설교자에게 인문학은 선택이 아니라 필수

설교자는 평생 인문학을 공부해야 한다

목회를 힘들어하는 설교자들을 만날 때마다 느끼는 것이 있다. 그들의 문제가 영성이나 품격 문제가 아니라 지성 문제라는 것이다. 그들이 그동안 지성에 소홀했던 것이 지금의 어려움을 가져왔다고 생각된다.

설교자는 공부하는 사람이다. 공부하되, 평생 해야 하는 사람이다. 설교자가 평생 공부해야 할 내용에는 성경 연구, 신학 관련 분야뿐 아니라 인문학도 포함된다. 4차 산업혁명 시대, 창의성 시대, 소비자가 중요한 시대, 차별화를 이루어야 하는 시대에는 신학은 물론 인문학도 병행해서 공부해야 한다. 이미 세상은 인문학을 지나 예술, 자연과학까지 공부하고 있다.

21세기를 목회하는 설교자에게 인문학은 선택이 아니라 필수이다. 이미 신학 전문가인 설교자는 인문학 전문가까지 되어야 한다. 예수님은 신학자이자 인문학자이시다. 바울도, 칼뱅도 신학자인 동시에 인문학자이다. 팀 켈러도 신학과 인문학을 공부한 뒤 목회를 시작했다. 그렇다면 우리도 신학자이자 인문학자가 되어야 한다.

21세기는 학문의 통섭을 통해 결과를 도출해야 하는 시대이다. 전에는 대학만 졸업하면 평생직장이 보장되었다. 이제는 대학에서 복수 전공까지 해야 한다. 직장을 다니면서 대학원 공부도 해야 한다. 깊은 학문, 융합의 학문으로 살아가야 하는 환경이 되었기 때문이다.

초창기 청교도가 세운 하버드대학교가 설교자에게 인문학 공부를 강조했다면, 현대의 설교자들도 인문학을 중시해야 한다. 더 나아가 평생 인문학을 공부해야 한다.

교양이 없으면 세상으로부터 외면받는다

최근에 설교자들이 지식이 없다는 말을 많이 듣는다. 이를 보여준 것이 코로나19다. 한국교회가 코로나19에 무방비로 노출된 것에는 지식의 부족도 한몫했다고 생각한다.

코로나19의 1차, 2차, 3차 유행을 거치면서 세상 사람들이 설교자들을 가장 무지한 집단이라고 여기고 있다. 이를 회복하려면 교양 쌓기에 시간을 투자해야 한다. 고상한 교양인이 되기 위해 두 배의 노력을 기울여야 한다. 교양이 없어서 외면받은 것을 하루빨리 회복해야 하기 때문이다.

예전에 설교자는 한 동네에서 가장 공부를 많이 한 최고의 지식인이었다. 인격은 물론 교양미도 넘쳐 동네 사람들에게 존경과 사랑을 받았다. 교회가 대 부흥기를 지나 조정기 국면에 들어선 지금은 목사가 사회

문제가 발생할 때마다 손가락질받는 대상이 되었다. 코로나19를 지나면서 목사는 이기적인 사람들, 대화가 되지 않는 고집불통으로 비치고 있다. 혹자들은 기독교인들이 설교자들에게 속고 있다고까지 생각하고 있다.

네이버를 검색하다가 충격적인 글을 하나 발견했다. 그는 자신을 천주교인이라고 밝혔다. 나름대로 타 종교를 인정함은 물론, 타 종교에 대한 적대감이 전혀 없다고 했다. 그는 기독교 텔레비전의 설교를 보고는 경악을 금치 못했다고 한다. "무슨 강론 내용이 '믿어라 믿어라 믿어라', '돈 내라 돈 내라 돈 내라', '나는 관대하다 나는 관대하다 나는 관대하다'라는 말밖에 없는 것 같다"라고 말했다.

그는 목회자의 설교가 너무 이기적이고 기복적이라고 말했다. 목회자가 자신을 몰라도 너무 모른다고 힐난했다. 그는 목회자의 교양에 상당한 문제가 있음을 지적하는 것이다. 목회자의 교양 없음이 세상에 대한 공감 부족으로, 인간에 대한 이해 부족으로 나타나고 있음을 보여준다.

설문조사 결과는 목회자가 세상으로부터 외면받고 있음을 보여준다. 2021년 1월 18일에 예장합동의 '목사·부목사 600명 설문조사'에서 '목회자의 99% 교회 혁신 필요, 개혁 대상 1호는 목회자'라는 대답이 나왔다.

더 심각한 것은 목사 양성소인 신학대학교의 미달 사태다. 2021년 학년도 수도권에 신입생이 미달한 대학교가 4곳인데, 4곳 모두가 신학대학교라는 충격적인 뉴스를 접하게 되었다. 이뿐 아니라 2021학년도 신학대학교 신학과 정시 경쟁률이 대부분 미달이었다. 고신대 0.67대 1,

한국침례신학대 신학과는 0.21대 1, 감리교신학대 신학부가 0.39대 1, 협성대 신학과 0.56대 1, 목원대 신학과 0.86대 1, 서울 소재 장로회신학대 1.31대 1, 총신대 1.71대 1이다. 한국교회의 장래가 암담함을 보여주는 통계다. 교회의 연결고리인 다음 세대가 무너졌음을 느끼게 해주는 수치이다.

이런 현상은 교회와 교회 지도자인 목회자의 교양 부족, 곧 인문학의 부재 때문이다. 특히 초대형 교회의 세습, 심심하면 터지는 목회자의 윤리 문제, 코로나19 기간에 보여준 제1차, 2차, 3차 유행의 중심에 교회가 있었다는 사실이 영향을 미쳤을 것이다. 코로나19를 통해서 드러난 교회의 부정적 모습의 원인은 바로 인문학 경시 때문이다.

설교자에게는 인문학이 필요하다

세상에는 인문학이 필요하다. 세상은 인간 중심으로 움직이기 때문이다. 인문학은 인간을 옹호하는 휴머니즘을 바탕에 깔고 있기 때문이다.

기독교는 사람보다는 하나님을 옹호한다. 하지만 세상은 하나님보다 인간을 옹호한다. 그 결과 인간에게 더 비중을 두는 인문학을 중시한다. 세상은 인간에게 더 비중을 주어 인간을 이해하려 한다. 인간을 이해하고 인간미를 내뿜으며, 서로 간에 잘 사는 길을 마련하기 위함이다.

문제는 설교자들이다. 설교자들은 하나님을 옹호하고, 하나님을 믿고 이해하는 데 시간 대부분을 쏟아붓는다. 그 결과 인문학에 관심을 가질 여력이 없다. 이유가 무엇이든 세상은 물론 기독교에도 인문학이 필요하다. 인문학은 세상과 기독교의 물줄기를 바꾸는 결정적인 역할을 했기 때문이다.

김형석 교수는 《그리스도인에게 왜 인문학이 필요한가》에서 인문학이 필요했던 두 군데를 이야기한다.

첫째는 서양 사회다.

"인문학은 서양에서 중세적 암흑시대를 근대적 이성 사회로 바꾸는 역할을 담당했다."

둘째는 종교개혁이다.

"종교개혁도 전통적·보수적·폐쇄적이었던 종교사회에 인문학적 자유주의가 개입한 결과였다. 신앙에서 양심의 자유를 배제할 수 없었다."

인문학이 세상은 물론 기독교에도 필요했다. 그렇다면 그리스도인과 세상을 향해 설교하는 설교자에게도 인문학은 필요하다.

6
인문학의 부재가 가져오는 고통

인문학이 없으면 적을 만들어 낸다

신앙을 가진 사람은 다른 사람들에게 선을 베풀고, 친절해야 한다. 하지만 신앙이 깊을수록 난폭하고 무서운 경우가 많다. 이슬람 과격 단체로 유명한 IS는 중동은 물론 유럽에서도 테러를 자행하며, 전 세계에 공포를 만들어낸다. 그들이 그토록 무자비한 테러를 감행하는 이유는 자기들 종교만 절대시하고, 사람들의 생명을 소중히 여기지 않기 때문이다.

인간은 인간을 인간답게 대해야 한다. 그러려면 인문학적 시각을 가져야 한다. 사람이라면 누구나 인간답게 대우받지 못하면 분노하게 마련이다. 우리가 다른 사람을 인간답게 대하지 않으면 그들도 우리에게 적대감을 느끼는 것이 인지상정이다. 그럼 교회는 사람들을 인간답게 대하고 있는가? 종교가 다른 사람들을 적군으로 생각하고 있지 않은가?

어떤 성도가 직장에서 자신이 왕따 당하는 기분이 들어 회사를 그만

다니고 싶다고 했다. 인간답게 대우해 주지 않는 사람과는 얼굴을 마주하고 싶지 않은 것이 당연하다. 그럼 우리는 세상 사람들을 신앙이 다르다고 왕따시키고 있지는 않은가?

김형석 교수는 불교 재단인 동국대학교의 기독교 동아리에서 강사로 초청받았다고 한다. 하지만 동국대학교는 그의 강연을 허가하지 않았다. 김 교수는, 그것은 마치 미션 대학인 연세대학교가 불교학생회의 스님 초청 강연을 불허한 것과 마찬가지라고 말한다.

그는《인생의 길, 믿음이 있어 행복했습니다》에서 대학들이 타 종교에 대해 혐오하는 것은 인문학 부재라고 하면서 이렇게 말한다.

"대학은 신학과 종교보다 인문학과 조국을 더 중히 여겨야 한다."

대학은 학문의 전당이다. 다양성을 받아들일 수 있어야 한다. 뭐든지 신앙을 갖다 붙이면 안 된다. 마찬가지로 기독교는 십자가의 종교다. 즉 포용의 종교다. 교리와 맞지 않아서 멀리할 수는 있다. 그렇다고 적대시할 필요는 없다. 우리는 예수님처럼 무엇이든 포용할 수 있는 자신감과 능력을 갖춰야 한다.

〈월드스트리트〉, 〈포브스〉에 커버스토리를 쓰고 있는 조지 앤더스 George Anders는 하이테크 시대에 인문학의 우아함을 가미해야 한다고 말한다.

"그 이유는 인문학적 공부는 유연한 자세와 고도로 단련된 수평적 사고에 도움을 주기 때문이다. …… (인문학적 사고로 단련된 사람은) 더 나아가 난해한 텍스트일지라도 마지막 한 조각의 의미까지도 끄집어낼 줄 안다."

기독교가 편협한 종교, 적대적인 종교라는 인상을 주지 않도록 해야 할 책임이 우리에게 있다. 아프가니스탄에서 이슬람 테러 조직에 의해 기독교인 두 명이 희생당한 일이 있었다. 죄 없는 사람들을 죽인 테러 조직의 범죄는 무슨 말로도 정당화될 수 없다. 그러나 무모하리만큼 신앙심만 내세운 기독교인들의 행동에도 문제가 있었다. 기독교인이 좀 더 품위와 품격을 갖추는 것이 하나님의 뜻이기 때문이다. 그러려면 신앙에 인간을 중요시하는 인문학이 풍겨 있어야 한다. 다른 것을 적으로 간주하는 기독교가 아니라, 다른 것을 포용할 수 있는 기독교가 되도록 만들어야 한다.

인문학이 없으면 괴물이 될 수 있다

손원평의 소설 《아몬드》는 타인의 감정에 무감각해진, 공감 불능인 한 소년을 통해 우리 시대의 모습을 잘 그려낸다. 이 책 프롤로그에 이런 말이 나온다.

"괴물인 내가 또 다른 괴물을 만나는 이야기"

2020년, 전 세계를 공포에 떨게 한 거대한 괴물이 나타났다, 바로 코로나19다. 그리고 또 하나의 작은 괴물이 우리나라에 존재하고 있는데, 그것은 바로 교회라고 생각한다. 교회가 작은 괴물처럼 된 것은 교회가 세상과 공감을 하려 하지 않기 때문이다. 원래 교회는 예수님의 십자가처럼 최고의 공감 덩어리였다. 하지만 교회가 변질되면서 십자가의 사상과 공감의 가치를 스스로 저버렸다.

교회가 작은 괴물이 된 또 하나의 이유는 공감의 인문학적 요소를 배제했기 때문이다. 코로나19는 우리나라에서 가장 인문학이 필요한 기관이 교회임을 깨닫게 해주었다. 그 이유는 코로나19 기간에 교회는 세상에 대한 배려 대신, 세상에 대한 무시와 독선을 일삼았기 때문이다.

교회가 공감이 없음의 단면을 보여주는 사람이 있는데 바로 IM 선교회 대표인 마이크 조 목사다. 그는 전국 각지에서 2천 명 이상이 모인 집회에서 "2,000명 집회에서 확진자가 한 명도 안 나왔다."라고 하면서 '할렐루야!'를 외쳤다.

> "하나님은 저희를 과학적으로 지켜주십니다. 그래서 방학 동안 확진자를 만들어낸 게 아니라, 확정자를 엄청 많이 만들었습니다."
> "사람 살리는 병원이 코로나19 상황에도 문을 닫지 않는 것처럼, 우리는 사람의 영혼을 살리는 곳이기 때문에 집회를 절대 포기 못한다. 잡아가든지 마음대로 하라."

공감이란 것은 싹도 찾아볼 수 없는, 교만으로 똘똘 뭉친 말이다. 교회가 세상에 대해 공감이 없으니 괴물이 되고도 남는다. 교회가 괴물로 비치자 사람들이 교회에 대해 '넌덜머리가 난다'라고 말하기 시작했다. 교회에 대한 '혐오'를 넘어서, 이제는 교회를 북한보다 더한 '주적'으로까지 생각하게 되었다. 급기야는 사람들이 '이젠 예수고 하나님이고 다 싫다'라고 말하는 지경에 이르렀다.

세상과 공감하지 않으면 괴물이 될 수 있다. 괴물이 되지 않으려면 공감력을 길러야 한다. 공감력을 기르려면 인문학에 눈을 떠야 한다. 인문학을 알고자 노력해야 한다.

인문학이 없으면 인간다움을 잃어버리게 된다

어떻게 해서 세상이 교회를 괴물처럼 생각하게까지 되었는가? 신학의 문제인가? 나는 그렇게 생각하지 않는다. 인문학의 부재 때문이라고 생각한다. 사람과 세상에 대한 교회의 인식이 비뚤어져 있기 때문이다. 오로지 하나님만 강조하고, 하나님 외에는 다 잘못되었다는 왜곡된 인식 때문이다.

코로나19를 겪으면서 일부 교회가 종교의 자유를 주장하면서 대면 예배를 강행하려고 했다. 이는 감염병 확산의 위험이 큰 상황에서 매우 이기적이고 위험한 행동이다. 이런 행동은 세상 사람들 눈에 교회가 독선적이고 안하무인인 집단으로 보이게 한다.

김형석 교수는 행복을 방해하는 두 종류의 사람을 이야기한다. 하나는 정신적 가치를 모르는 사람이다. 또 다른 하나는 이기주의자이다. 코로나19를 겪으면서 교회는 사람들에게 이기주의적 집단으로 보였다.

코로나19 3차 유행 이후 나라에서는 5인 이상의 사적 모임도 금지

했다. 그 결과 확진자 수가 1,000명에서 300명대까지 떨어졌다. 그런데 이때 IM 선교회에서 확진자가 무더기로 발생했다. 그 결과 약 두 달에 걸친 고생이 물거품이 되었다. 조금만 참으면 일상으로 복귀할 수 있다고 생각하고 있었기에 사람들은 더 화가 났다. 교회에 대해 '넌덜머리난다'는 말이 나오는 것도 당연한 일이었다.

코로나19로 인해 교회도 많은 어려움을 겪고 있다. 특히 어려움을 겪는 것은 유행의 중심에 섰던 교회들이 아니라 아주 작은 교회들이다. 작은 교회들은 방역 수칙을 잘 지켜 왔다. 문제는 그다지 어렵지 않은 교회와 단체들이다. 그들 때문에 애꿎은 작은 교회들이 피해를 보게 되었다.

코로나19의 3차 유행으로 인해 사람들이 국가의 2.5단계 방역 지침을 지키는 데 한계에 다다르고 있었다. 이럴 때는 교회가 확진자 줄이기에 앞장서야 한다. 하지만 정반대였다.

교회는 어려울 때일수록 하나님의 사랑과 예수님의 자기 부인 사상으로 세상과 마주해야 한다. 사람들을 더 배려하고, 특유의 종교성으로 절제하고 절제해야 한다. 하지만 여기저기서 교회가 확진자를 뻥뻥 터트리고 있다. 그러니 사람들이 "교회만 보면 치가 떨리고, 예수고 하나님이고 다 싫다."라고 말하는 것이다.

교회는 예수님처럼 자기를 부인함으로써 세상보다 더 어려움을 감내해야 한다. 세상보다 손해를 감수해야 한다. 하지만 종교의 자유라는 명분으로 "절대 손해를 보지 않겠다."라며 저항하는 꼴불견을 보였다.

이런 상황에서 교회는 인문학에 한 발 더 다가가야 한다. 그 말은 예수님의 인간다움을 갖춰야 한다는 말이다. 여기서 인간다움이란 '사람으로서 갖추어야 할 것으로 기대되는 자질이나 덕목'이다. 교회가 인간답지 않다는 것이 아니다. 더욱더 인간다움을 갖춰야 한다는 말이다.

예수님은 신성과 인성을 가지셨다. 그중 인성을 예수님께서 소유하신 인간다움이라 말할 수 있다. 예수님의 인간다움은 사랑, 긍휼 그리고 자기 부인에서 찾을 수 있다. 그러므로 그리스도인은 그리스도를 닮은 인간이 되어야 한다. 곧 사랑, 긍휼 그리고 자기를 부인하는 사람이 되어야 한다.

과거에는 신앙 좋은 것을 중시했다. 이제는 그에 못지않게 인간다움을 중요하게 여겨야 한다. 다른 사람을 소중히 여기는 마음, 그들의 생각에 대한 이해, 그들의 삶에 대해 존중하는 마음을 가져야 한다. 교회가 더불어 사는 사회를 만드는 데 앞장설 때, 사람들은 교회를 호의적으로 보게 된다.

이분법적 사고를 넘어서야 한다

교회는 선하고, 세상 것은 악하다는 생각이 교회 안에 팽배해 있다. 나도 신앙생활을 하면서 이분법적인 사고에 젖어 있었다. 그 결과 교회 사역만 해야 하고, 세상일은 하지 않아야 한다는 생각으로 오랫동안 살아왔다.

이분법은 하나님의 것만 옳은 것이고 세상 것은 그르다는 생각으로 가득 채워져 있다. 이런 사고는 "하나님께서 깨끗하게 하신 것을 네가 속되다 하지 말라"_{행 10:15}는 말씀과 어긋나는 것이다. 기독교는 이분법적 사고를 넘어서야 한다. 이분법적 사고를 넘어서려면 인문학에 대해 더 많은 관심을 가져야 한다.

《즐거운 월요일, 신나는 일주일》의 저자인 존 D. 베케트John Becken가 이런 말을 했다.

"일요일은 어디까지나 일요일,
나머지 평일과는 동떨어진 날,
규칙 또한 전혀 다른 날.
분리된 두 세계가 합쳐질 날이 있을까?"

주일과 평일에 대한 이분법적 사고가 신학과 인문학을 갈라놓았다. 마치 의인과 죄인의 차이처럼 만들어버렸다. 이분법적 사고는 세상에 그리스도의 계절을 오게 하는 것을 방해한다. 그러므로 이분법적 사고가 아니라, 이분법을 넘어선 예수 그리스도인의 십자가 정신으로 무장해야 한다.

Chapter 2.
설교에 인문학을 담으라

02

설교에 인문학을 담으라

1. 신학은 제일의 학문이다

2. 신학은 인문학의 한 분야이다

3. 인문학은 설교의 지평을 넓혀준다

4. 설교자는 인문학을 품어야 한다

5. 설교에 인문학을 담아내야 한다

6. 인문학을 담아내려면 열린 마음이 필요하다

1
신학은 제일의 학문이다

신학은 제일의 학문이다

"신학이 제일의 학문이다.scientia prima"

이 말은 철학자 김용규가 《그리스도인은 왜 인문학을 공부해야 하는가?》에서 한 말이다. 그의 말을 들어보자.

"인간이 상상할 수 있는 가장 높은 이상을 추구하는 점에서, 그럼에도 세속적 세상의 구원을 목표로 한다는 점에서 기독교 신학은 제일 학문입니다."

신학은 제일의 학문이다. 신학이 제일 학문인 이유는 하나님과 관련되어 있기 때문이다. 신학은 창조주 하나님을 알게 해준다는 점에서 제일의 학문일 수밖에 없다. 설교자는 신학이 제일의 학문이라고 믿는다. 신학은 세상 어떤 학문과도 비교할 수 없는 최고의 학문이다.

나는 신학을 할 때 최고로 기뻤다. 세상 최고인 하나님을 배우는 학문이었기 때문이다. 신학을 공부하는 내내 기쁨과 감사의 울음이 떠나지 않았다. 그때 알았다. 신학 하는 사람은 최고의 삶을 산다는 것을.

설교자는 하나님을 알아야 한다. 하나님을 사람들에게 알려주어야 한다. 그러기 위해 최고의 학문인 신학을 해야 한다. 신학을 하면 최고 중의 최고인 하나님을 만나는, 최고의 삶을 살게 된다.

중세 제일의 학문이었던 신학

"철학은 신학의 시녀다."

신학생 때 귀가 따갑도록 들었던 말이다. 이때부터 신학을 하는 것에 대한 뿌듯함, 자부심, 영광스러움을 간직하며 공부를 했다. 최고의 학문이라고 하는 철학이 신학의 시녀밖에 안 된다니 말이다.

신학은 중세 때 이미 세상 최고의 학문이었다. 철학은 신학과 비교 대상조차 되지 않았다. 신학이 최고의 학문이므로 세상에 강력한 영향을 미칠 수밖에 없었다. 그렇다. 신학은 일상생활에 강력한 영향을 미침으로써 최고의 학문임을 스스로 증명했다.

당시 신학이 최고였다는 것은 신학이 중세의 모든 사상과 문화적 표현의 시작점이라는 것을 통해 알 수 있다. 중세 때 학자라고 하는 사람들은 대부분 신학자였다. 당시의 모든 학문이 신학과 연결되어 있었음은 물론이고, 철학은 신학의 하부 학문으로 취급받았다.

신학이 제일의 학문인 것은, 중세가 종교의 시대라는 것을 통해서도 알 수 있다. 당시에는 철학도, 법학도 신학을 체계적으로 정리하기 위해 발전한 학문에 불과했다.

설교자는 신학을 통해 신학이 제일 학문이라는 것과 함께, 인간이 구제 불가능한 죄악성을 가졌다는 사실을 알게 된다. 또한 인간의 죄악성으로 인해 인간이 하나님의 구원 대상임을 깨닫게 된다.

설교자는 신학이 제일 학문이라는 자부심을 품고 하나님과 세상 앞에 서야 한다. 동시에 교만하지 않고 겸손하게 하나님의 사명을 이루려 해야 한다.

신학은 지금도 제일의 학문

"모든 길은 로마로 통한다."

이 문장은 로마가 지금의 미국처럼 대단한 나라였다는 의미와 함께, 실제로 모든 길이 로마와 연결되어 있다는 중의적 표현이다. 로마는 한때 서양 문명을 대표하는 도시로서, 로마 제국의 수도이자 로마 가톨릭교회의 중심지였다.

마찬가지로, 현대에도 신학은 인간의 출발점과 끝점의 주도권을 쥐고 있다. 그러니 지금도 신학이 제일의 학문일 수밖에 없다. 특히, 신학은 우주의 처음인 하나님의 천지창조부터 이 세상의 끝인 예수 그리스도의 심판까지, 우주와 인간의 전 부분을 다루고 있는 학문이기 때문이다.

인간은 완전하지 않고 불완전하다. 인간이 완전해지는 것은 인간의 학문 영역에 머물 때가 아니다. 인간이 신학의 영역에 들어갈 때이다. 불완전한 죄인인 인간이 완전한 구원을 받을 수 있는 길은 다른 학문이 아닌 신학에만 있다. 그러므로 신학은 지금도 제일의 학문이다.

이제 남은 것은 신학이 제일의 학문임을 증명해내는 일이다. 그러려면 신학을 한 사람들의 생각과 삶이 뒤따라야 한다.

2
신학은 인문학의 한 분야이다

신학을 어떻게 분류해야 하는가?

　신학은 하나님의 영역이다. 인문학은 인간의 영역이다. 교회는 인문학을 신학의 영역에 둔다. 이는 교회의 기준이다. 그러나 세상의 기준은 다르다. 세상은 신학을 철학으로 분류한다. 그렇다면 신학은 세상의 분류법대로 철학의 하나로 분류되어야 하는가?

　교회와 세상이 신학을 분류하는 것은 다를 수 있다. 그렇다면 교회도 어느 정도 세상이 분류하는 것을 받아들이지 않을 수 없다.

　김용규는 《그리스도인은 왜 인문학을 공부해야 하는가?》에서 이렇게 말한다.

　　"신학은 인문학의 한 분야임이 분명하다."

　그는 철학자이다. 그러니 신학을 인문학의 한 분야라고 말하는 게 당연하다. 그의 말은 21세기에 신학을 어떻게 분류해야 하는지 당황스러운 내게 편안한 마음을 갖게 해주었다.

과거에는 인문학이 신학의 한 분야였다면, 지금은 신학이 인문학의 한 분야이다. 신학이 인문학의 한 분야라면, 설교자는 신학보다 큰 분야인 인문학을 공부해야 마땅하다.

신학이 강세인 중세에는 철학이 신학 아래에 있었다. 종교의 시대에서 철학의 시대로 바뀌니 철학은 신학을 그 아래에 분류했다. 그렇다면 철학이 강세인 우리나라에서 신학은 자연스럽게 인문학에 포함됨을 감수해야 한다.

나는 신학을 할 때 인문학을 적대시했었다. 그러나 인문학을 공부하면서 신학과 인문학은 적대적이면 안 된다는 것을 깨닫게 되었다. 그 뒤 나는 신학을 한 설교자는 인문학 공부로 설교에 많은 도움을 받아야 한다고 강조하고 있다.

나는 '설교는 신학이나 설교학이 아니라 삶'이라고 규정한다. 그 말은 설교는 하나님을 강조하는 신학과 인간의 마음을 강조하는 인문학에서 나와야 한다는 말이다.

전통적으로 긴밀한 관계였던 신학과 인문학

우리나라에서 신학은 인문학의 한 분야임이 분명하지만, 신학과 인문학은 각각 강조하는 관점이 다르다. 신학이 하나님의 관점이라면 인문학은 인간의 관점이다. 그러므로 신학과 인문학은 명백하게 구분된다. 신학은 하나님 중심적 사유 체계지만, 인문학은 인간 중심적 사유 체계이다. 그렇다면 신학과 인문학은 매우 다를 수밖에 없다.

나는 신학교 때 인문학을 '인본주의'라고 배웠다. 인문학을 인본주의로 생각하니 적대적으로 볼 수밖에 없었다. 인문학을 공부한 뒤 깨닫게된 것은, 신학과 인문학은 추구하는 관점과 방법론이 다르므로 양자는 서로 적대적이지 않아야 한다는 것이다. 도리어 설교자는 신학과 인문학을 서로 보완적인 관계로 보아야 한다.

김용규도 신학과 인문학을 대립시키는 것은 문제가 있다고 말한다. 그이유는 인문학이 신학에 부단히 새로운 피를 공급해 왔기 때문이라고한다. 설교자가 설교를 준비할 때 인문학의 피를 공급받지 못하면 미완성이 될 가능성이 크다.

실력 있는 설교자들은 설교를 두 번 준비한다. 하나는 성경 본문에 근거한 설교 준비이고, 다른 하나는 청중의 상황을 파악한 설교 준비이다. 청중의 상황을 파악한 설교 준비는 인문학의 피를 공급받는 과정이라할 수 있다. 설교자는 설교에 인문학의 피를 공급받기를 힘써야 한다.

한병수 교수는 《기독교 인문학》에서 르네상스 최초의 인문주의자인페트라르카의 말을 빌려 "중세에는 기독교와 인문학 사이에 대립이 아니라 긴밀한 관계가 있었다."라고 말한다. "실제로 기독교는 인문학을중요하게 여기며, 인문학은 기독교와 대립하지 않고 오히려 조화된다. 기독교와 인문학의 조화는 신앙과 이성의 조화로 소급된다."라고 말한다.

나는 중세에 신학과 인문학이 대립 관계에 있었다고 배웠다. 그러나그의 말대로 중세에 신학과 인문학이 대립하지 않고 조화를 이루었다면, 설교자는 설교에 인문학을 최대로 활용하는 지혜를 발휘해야 한다.

김형석도 《그리스도인에게 왜 인문학이 필요한가》에서 서양 사회의 경우 2천 년 동안 인문학을 대표하는 철학이 신학과 서로 협조적인 역사를 건설해왔다고 말한다. 그렇다면 근본주의적 신학이 강한 우리나라만 인문학과 신학을 대립 관계로 보는 경향이 강한 것 같다.

김형석 교수는 기독교 사상가인 아우구스티누스, 파스칼, 키르케고르, 도스토옙스키 등이 인문학과 신학을 포함하면서도 초월하는 '인간의 학'으로서의 기독교 신앙과 사상을 남겨주었다고 한다. 그러면서 자신도 우리 사회의 기독교계와 인문학 분야에 작은 도움이라도 줄 수 있었다면 감사한 일이라고 했다.

그의 말에 동의한다. 그동안 설교자들을 가르치면서, 설교자들의 문제는 신학의 부족이 아니라 인문학적 소양의 부족임을 많이 느끼고 있기 때문이다. 많은 설교자가 다양성, 포용력, 사고력, 어휘력 등에서 청중과 소통이 안 되는 설교를 하고 있다. 특히 설명 중심의 설교가 문제가 되는데, 이것은 설교자가 글쓰기의 기본을 갖추지 못했기 때문이라고 생각한다.

과거에 선포식 설교가 주를 이룰 때는 신학적으로 설교하는 것이 문제가 되지 않았다. 청중들도 그런 설교를 원했다. 그러나 교양 수준이 높아지고, 들리는 설교에 대한 청중의 욕구가 커짐에 따라 설교자의 인문학적인 소양이 요구되기 시작했다.

설교에서 논리성, 구성, 논증법, 글쓰기 등은 신학적인 소양이 아니라 인문학적인 소양이다. 그렇다면 설교자는 반드시 인문학적 소양을 갖추

어야 한다. 만약 설교자가 인문학적 소양을 갖추지 못한다면, 그의 설교
를 설교자 자신은 좋아할지 몰라도, 청중들은 괴로워하게 될 확률이 높
다.

신학과 인문학의 대립은 근대 이후 소수에 의해서다

그럼 언제부터 신학이 인문학과 대립하거나 적대적이었나? 근대 이전
에는 신학과 인문학이 적대적이지 않았다. 그리 오래되지 않은 근대 이
후에 서로 대립하거나 적대적인 관계가 되었다.

김용규는 소수의 학자가 신학과 인문학을 적대적으로 만들었다고 말
한다. 숲을 보지 못한 일부 학자들 때문이라는 것이다. 정말로 소수의 학
자 때문에 그렇게 된 것이라면, 설교자는 신학과 인문학의 균형과 조화
를 이루기 위해 힘써야 한다.

나는 이전에는 다수의 학자가 신학과 인문학을 대립 관계로 놓은 줄
알았었다. 독서를 본격적으로 하게 된 이후 나는 신학 교수들로부터 좀
더 폭넓게 배우지 못한 것이 아쉽게 느껴졌다. 성경 해석은 기본인데, 계
속 기본만 강조하니 그 기본이 전부인 줄 아는 무지렁이였기 때문이다.

지금도 많은 설교자가 여전히 신학만으로 설교한다. 예전에는 그런 설
교가 통했으나, 지금은 통하지 않는다. 그래서 청중들이 교회를 떠나고
있다. 시대의 변화를 고려하지 않은 일방적 설교를 듣는 일이 청중들에
게 고역이 되기 때문이다.

나는 인문학이란 말에 알레르기 반응을 일으키는 설교자를 많이 만났
다. 지금도 여전히 '인문학'이란 말만 들어도 경기를 일으키는 설교자들

이 있다. 이는 일부 학자들의 주장에 놀아나는 것에 불과하다. 더 나아가 시대의 흐름을 무시하는 행위이다.

설교자 중에는 시대의 흐름에 역행해야 한다고 생각하는 사람들이 있다. 시대의 흐름에 역행해야 하는 것이 아니라, 말씀과 맞지 않는 것에 역행해야 한다. 나는 시대의 흐름을 역행하는 것은 하나님을 무시하는 행위라고 생각한다. 하나님께서도 구약과 신약을 시대의 흐름에 따라 다르게 쓰셨다.

신학교를 갓 졸업한 뒤의 설교는 성경 해석만으로도 충분했다. 그러나 이제는 성경 해석만 하는 설교를 청중들이 받아들이지 못한다. 지금은 설교의 많은 방법을 시대에 맞게 사용해야 한다.

설교에서 수사학이 언급된 지가 얼마 되지 않는다. 시대의 흐름에 따라 언급되기 시작했기 때문이다. 그렇다면 설교자들은 인문학적 요소인 글쓰기, 구성, 논증법 등을 활용해 설교해야 한다. 안타까운 것은, 많은 설교자가 설교의 논리도 갖추지 못한 채 성경 해석 중심의 설교만 고수하는 것이다.

신학과 인문학이 대립하거나 적대적 관계라고 보는 것이 일부 학자의 견해라고 생각된다면, 이제라도 인문학을 설교에 활용하는 슬기가 필요하다.

청중은 인문학에 물들어 있다. 나의 책《설교는 인문학이다》는 세상에 물들어 사는 청중들의 상황을 인지하며 쓴 책이다. 이렇게 세상에 물들어 사는 청중들을 하나님께로 인도하려면 인문학에 정통해야 한다. 만약 인문학을 알지 못하면 청중과 설교자가 동상이몽이 될 가능성이 크다. 그러므로 소수 학자의 말처럼 신학과 인문학을 대립 관계로 받아들이기보다는 서로 도움을 주는 관계로 만들어가도록 애써야 한다.

3

인문학은 설교의 지평을 넓혀준다

인문학 공부는 문리를 트이게 한다

신학을 하면 하나님이 열린다. 인문학을 하면 인간이 열린다. 다산 정약용은 인문학은 '문심혜두文心慧竇'라고 했다. 학문을 열심히 익히고 외우다 보면 어느 순간 글이 마음을 움직여서 슬기 구멍이 뻥 뚫리게 되어 있다는 것이다.

학문의 길에 들어섰다면 문리가 트여야 한다. 어떤 분은 10년 이상 학문을 해야 문리가 트인다고 말한다. 여기서 다시 10년을 더 하면 '속 문리'가 트인다고 한다.

문리가 트이는 것이 공부의 목적이다. 한양대학교 정민 교수는 《체수유병집》에서 '문리가 트이는 것을 담당하는 것이 인문학'이라고 말한다. 인문학을 하면 어느 순간 남다른 식견과 통찰력을 갖게 되기 때문이다.

설교자는 하나님을 알게 하는 신학을 해야 한다. 그리고 사람을 알게 하는 인문학을 해야 한다. 인문학을 하되, 문리가 트이도록 깊이 있게 해야 한다. 문리가 트일 때, 비로소 설교자로 세상에 영향력을 미칠 수 있다.

인문학은 인공지능 시대에 더 중요하다

지금은 4차 산업혁명 시대이다. 공부라는 측면에서 4차 산업혁명 시대라는 말은 두 가지 의미를 담고 있다. 하나는 공부할 양이 더 많아졌다는 것이고, 다른 하나는 다른 학문과 융합이 필수적이라는 말이다.

4차 산업혁명 시대에 설교자는 신학과 함께 인문학 공부를 해야 한다. 복잡해지고 다양해진 사회를 살아가는 사람들에게 설교는 이전보다 중요해졌고, 들리는 설교가 더 필요해졌기 때문이다.

4차 산업혁명 시대의 핵심은 인공지능이다. 인공지능이란 인간의 학습 능력과 추론 능력, 지각 능력, 자연언어의 이해 능력 등을 컴퓨터 프로그램으로 실현한 기술이다. 인간의 지능으로 할 수 있는 사고, 학습, 자기 계발 등을 컴퓨터가 할 수 있도록 한다. 그 결과 컴퓨터가 인간의 지능적인 행동을 모방할 수 있다.

인공지능이 발달할수록 설교자의 중요성은 더 커진다. 설교자는 신학뿐만 아니라 인간미와 인간의 감성을 갖추어야 한다. 인공지능이 발달할수록 설교자는 인간 이해의 폭을 넓히기 위해 인문학에 더 많은 관심을 가져야 한다.

인공지능 시대에는 기계가 인간을 대신하게 된다. 인간은 그 틈바구니에서 인간적인 것을 지켜야 하므로 인문학이 더 필요하다. 인간을 인간답게 해야 산업이 발전해도 인간미를 잃지 않고 살아갈 수 있기 때문이다.

전문가들은 산업이 발전할수록 과학기술에서도 인문학의 역할이 중요하다고 말한다. 한미과학자대회UKC 공동대회장이자 노스캐롤라이나 주립대 건축학과 교수인 조슬연은 과학기술 시대의 인문학에 대해 이렇게 말한다.

"인문·사회학자와 협업해야 과학기술 지속 발전 가능해."
"과학기술 발전의 정점은 휴머니티, 즉 인간 본연의 가치입니다."

과학이 발달할수록 인문학과 협업이 되어야 지속적인 과학 발전이 가능하다고 한다. 그는 지속 가능한 사회를 만들려면 인간 본연의 가치를 지키면서 과학기술을 발전시켜야 한다고 말한다. 그 결과 UKC 2020한미과학자대회 주제를 이렇게 정했다고 한다.

"지속 가능한 성장과 미래를 위해 과학기술과 인문 사회학을 융합하다."

과학이나 기술이 발전할수록 인문학의 중요성은 더욱 커진다. 마찬가지로 인공지능 시대의 설교자에게도 인문학의 중요성이 커지고 있다. 그러므로 신학을 한 설교자는 인문학을 해야 한다. 설교자가 신학과 인문학을 융합할 때, 청중을 사로잡을 수 있는 설교를 만들어낼 수 있기 때문이다.

인문학은 통찰력을 키워준다

성경 해석을 강조하는 설교자들은 설교에서 팩트만 언급할 때가 많다. 그러나 설교에는 서사narrative가 담겨 있어야 한다. 예수님의 설교에는 서사가 담겨 있다. 서사가 담겨 있기에 사람들이 설교를 쉽게 이해했다. 쉽게 이해했기에 수많은 사람이 설교를 더 듣기 위해 예수님을 따라다녔다.

인문학은 설교자의 닫힌 사고 구조를 열린 사고 구조로 바꾸어준다. 특히, 성경의 맥을 짚고, 핵심을 깊고 낯설게 풀어낼 수 있는 통찰력 있는 설교자로 만들어준다.

우리나라 설교자들이 팀 켈러 목사의 설교를 좋아하는 가장 큰 이유는, 그의 설교에 성경을 삶과 연결하는 통찰력이 보이기 때문이다. 팀 켈러 목사는 인문학에 남다름이 있다. 그 이유는 그가 C.S. 루이스를 공부한 뒤 본격적으로 설교자가 되었기 때문이다. 그의 설교는 통찰력이 탁월하다. 그와 같은 통찰력 있는 설교자가 되려면, 그처럼 인문학의 뒷받침이 탄탄해야 한다.

또한 인문학은 삶의 어두컴컴한 순간을 극복하는 법을 배우게 해준다. 삶의 위기에 봉착했을 때 위기를 극복할 힘을 공급해준다.

《왜 인문학적 감각인가》의 저자인 조지 앤더스George Anders는 대학에서 19세기 러시아를 대표하는 세계적인 문호 표도르 도스토옙스키Fyodor Mikhailovich Dostoevskii를 공부한 결과 이런 틀이 잡혔다고 한다.

"문학 수업은 반쯤만 틀이 잡힌 생각과 씨름하는 법과, 지속적으로 엄습하는 피로와 싸우는 법이라는 유익한 선물을 내게 선사했다."

인문학은 인간 이해에 그치지 않는다. 더 나아가 설교자가 더 깊은 것을 파낼 수 있는 통찰력을 얻고 삶의 위기를 극복할 힘을 얻게 해준다. 설교자는 통찰력 있는 설교자가 되기 위해, 그리고 위기를 극복할 지혜를 얻기 위해 인문학을 해야 한다. 그러면 인간의 삶을 정확하게 통찰하고, 문제를 풀어나가는 대안을 제시할 수 있다.

인문학은 새 관점을 갖게 한다

캐나다 밴쿠버기독교세계관대학원VIEW 최종원 교수는 《텍스트를 넘어 콘텍스트로》에서 이렇게 말했다.

> "'한국교회의 문제를 이해하고 접근하는 새 관점'이 필요하다. '새 관점'은 신학적 논쟁이 아니라 인간의 본성에 대한 인문학적인 고찰일 수 있다."

설교자가 새 관점을 가지려면 인간 본성을 인문학적으로 고찰해야 한다. 신학을 했다면 인문학을 통해 설교의 지평을 넓혀야 한다. 신학과 인문학이 동행해야 새 관점을 가질 수 있다.

강남비전교회 한재욱 목사는 《인문학을 하나님께 1》에서 신학과 인문학, 이 둘은 동행할 때 온전해진다고 말한다.

"신학은 결국 하나님을 사랑함으로 인간에게 그 사랑을 전해야 하는 사명이 있다. 그런데 신학이 인간에 대한 학문인 인문학과 무관하다고 한다면 어불성설일 것이다. 하늘의 이야기와 땅의 이야기는 사실은 형제인 것이다."

신학과 인문학이 형제라면 설교자는 인문학 하기를 주저하지 않아야 한다. 인문학을 통해 신학의 원리를 적확하게 설명할 수 있도록 도움을 받아야 한다.

설교에서 인문학을 '방법'이라고 생각하는 설교자들이 있다. 정민은 《체수 유병집》에서 인문학은 '원리'라고 말한다.

"인문학은 원리이지 당장 실용 가능한 매뉴얼이 아니다."

신학은 원리 중 원리다. 신학과 인문학을 비교하면 신학이 원리이고, 인문학은 실용 가능한 매뉴얼이다. 그럴지라도 인문학을 공부하는 것은 설교자에게 도움이 되면 되었지 결코 손해가 되지 않는다. 그러므로 설교자는 인문학에 깊은 관심을 두고 공부해야 한다.

4
설교자는 인문학을 품어야 한다

인문학을 품어야 온전한 설교가 된다

앞에서 신학과 인문학이 대립하거나 적대적이라는 것은 일부 학자의 주장일 뿐, 다수의 학자는 그렇게 생각하지 않는다는 것을 알게 되었다. 이것을 알았다면 설교자는 인문학을 공부해야 한다.

김용규는 《그리스도인은 왜 인문학을 공부해야 하는가?》에서 설교자가 인문학을 품으라고 한다.

> "21세기의 기독교 신학은 인문학을 끌어안으라고 한다. 인문학을 끌어안을 때 부단히 온전함을 지향할 수 있기 때문이다."

그는 신학이 인문학을 끌어안을 때 설교의 온전함을 지향할 수 있다고 말한다. 그는 성경 마태복음 5장 48절의 예수님의 말씀을 인용해서 말한다.

하늘에 계신 너희 아버지의 온전하심과 같이 너희도 온전하라 _마
5:4

예수님은 아버지의 온전하심과 같이 너희도 "온전하라"라고 말씀하신
다. 온전한 설교를 하려면 설교를 듣는 청중에 대해 말하고 있는 인문학
을 끌어안아야 한다. 그럴 때 온전한 설교가 된다.

설교는 신학만으로 온전해지지 않는다. 인문학을 품어 인문학과 함께
온전함으로 나아가야 한다. 신학만으로 온전한 설교가 이루어지지 않는
이유는 설교자는 신학에 전념할 수 있지만, 청중은 그렇지 않기 때문이
다. 청중은 6일 동안 인문학에 젖어 있다가 주일날 교회에서 신학과 접
촉을 한다. 또한 청중은 기본적으로 신학보다는 인문학에 친숙하다.

청중의 삶은 인문학과 밀접하게 연결되어 있다. 그래서 설교자는 인문
학에 관심을 기울여야 한다. 그다음 청중에게 다가가 청중의 선택을 받
는 길을 선택해야 한다.

최종원 교수는 《텍스트를 넘어 콘텍스트로》에서 교회가 대중에게 다
가가야 한다고 말한다. 교회가 대중에게 다가가려며 인문학으로 무장되
어 있어야 한다.

"역사가 전해 주는 생존의 비밀은 명확하다. 교회가 대중에게 진
정으로 다가갔을 때, 교회는 대중의 선택을 받았다."

교회가 대중에게 진정으로 다가갔을 때, 교회는 대중의 선택을 받았

다. 일찍이 이런 운동이 있었는데 바로 수도회 운동이다. 유럽 교회는 수도회 운동을 통해 대중에게 다가갔다. 다양한 형태로 등장하고 소멸하며, 때로 이단으로 정죄 되기도 했던 수도회 운동은 체제 밖에서 체제 변화를 추동했던 '아래로부터'의 대중운동이었다. 유럽 교회가 '아래로부터의 대중운동'을 한 것처럼 현대 교회도 대중에게 나아가야 한다.

세상은 수평적인 운동을 지나 아래로부터의 운동이 펼쳐지고 있다. 교회도 대중에게 나아가려면 '수평'과 '아래로부터'를 강조하는 인문학으로 세상을 읽어야 한다.

청중은 인문학에 익숙하다

설교자가 청중에게 나아가는 데 걸림돌이 되는 것은 신학이 아니라 청중에 대한 무지이다. 청중을 알려면 인문학을 해야 한다. 청중은 신학적 이야기를 할 때 반응을 보이기보다는 인문학적 이야기를 할 때 귀를 쫑긋하고 듣기 때문이다. 설교자는 신학을 품었듯이 인문학을 품어야 한다.

〈아트설교연구원〉은 설교 글쓰기를 공부하는 곳으로, 수업마다 글을 쓴다. 어느 날 수업 중에 여느 때와 마찬가지로 회원들이 돌아가면서 자신의 설교문을 발표했다. 그중 한 회원의 글에 대해 회원들에게 조언을 부탁했다. 회원들이 한마디씩 조언을 했는데, 그 조언들은 글을 쓴 설교자의 의도와는 상관없이, 듣는 사람의 상황을 반영하고 있었다. 이는 글쓴이의 생각보다는 듣는 자의 입장이 더 중요함을 말해준다.

실험 결과가 흥미로워 다른 회원의 글에도 조언을 부탁했다. 결과는 마찬가지였다. 글을 쓴 설교자의 의도가 아니라, 그 설교를 들은 사람의 처지에서만 조언이 이루어졌다. 회원이 쓴 글 중에 'C.S 루이스'가 언급되었다. 조언자들 대부분이 자신들이 익히 알고 있는 'C.S 루이스'를 언급했다. 자신들에게는 'C.S 루이스'만 들렸다고 했다.

이 실험 결과가 말하는 것은, 청중은 자기가 관심 있는 것, 자기가 익히 아는 것에만 관심을 보인다는 것이다. 설교자는 하나님의 말씀을 많이 언급한다. 청중들이 말씀을 듣기 원하기 때문이다. 하지만 청중은 자기 귀에 들리는 것만 듣는다. 청중에게는 자신이 익히 알고 있는 것만 들린다.

심리학 용어 중에 '확증편향'confirmation bias이라는 말이 있다. 자신의 가치관, 신념, 판단 따위와 부합하는 정보에만 주목하고, 그 외의 정보는 무시하는 사고방식을 뜻하는 말이다. 청중은 자신이 믿고 싶은 것만 믿고, 보고 싶은 것만 보려고 한다. 청중은 자신이 듣고 싶어 하는 설교만 들으려 하고, 자신이 아는 것에만 관심을 보인다.

회원들의 질문을 받고 대답해줄 때 느끼는 것이 있다. 사람들은 그들이 원하는 답변을 들을 때만 잘 이해한다. 내가 말해주고 싶은 것, 그가 이해해야 할 것을 말하면 잘 받아들이려 하지 않는다.

인간은 인간과 관련된 것에 관심을 보인다. 인간의 이런 현상을 무시하지 말고 이해하려 해야 한다. 그럴 때 청중과 소통하는 설교자가 될 수 있다. 청중은 인문학에 익숙하다. 인문학에 익숙한 청중과 소통하기 위해 설교자는 인문학을 공부해야 한다.

인문학은 설교자에게 통찰력을 준다

우리나라는 조선 시대부터 성리학 등 유학의 발달로 인문학이 깊이 뿌리내리고 있다. 문화 저변에 인문학적 문화가 도도히 흐르기 때문에 청중들은 인문학에 관심이 많다. 문제는 설교자들이다. 설교자들은 인문학 공부를 그다지 좋아하지 않는다. 내가 아는 설교자 중에도 그런 사람이 꽤 있다.

최진석 교수는 선진국으로 나아가는 마지막 단계에서 중시되는 것이 철학, 심리학, 문학, 역사 등 인문학이라고 말한다. 우리나라는 선진국 문턱에 와 있다. 그렇다면 인문학을 공부해야만 한다. 우리나라가 선진국으로 나아가려면 인문학적 통찰력을 길러야 하기 때문이다.

최진석 교수는 인문학을 이렇게 이야기한다.

"인문학이란 미래에 어떤 분야가 먹거리가 될지, 어떤 것이 핵심 가치가 될지 미리 꿰뚫어 볼 수 있는 통찰력을 준다. 인문학이라는 것 자체가 '인간의 무늬'를 뜻한다. 보이지 않는 인간의 무늬를 보기 위해서는 상상력이 필요하다. 이런 상상력을 바탕으로 앞서 나가 먼저 기다리는 것이 선진국의 역할이고 핵심 경쟁력이다."

인문학이 미리 꿰뚫어 볼 수 있는 통찰력을 준다면, 설교자도 인문학을 통해 통찰력을 길러야 한다. 설교자는 세상을 이끄는 자이다. 세상을 이끌려면 통찰력이 있어야 한다.

우리나라 설교자와 청중들이 팀 켈러 목사를 좋아하는 이유는 그의 통찰력이 탁월하기 때문이다. 그의 책은 신학으로만 구성되어 있지 않다. 신학과 인문학이 함께 조화를 이루어 남다른 통찰력으로 성경을 풀어낸다.

최종원 교수는 한국교회의 모습을 이렇게 이야기한다.

> "목회자는 깊은 샘물 같은 청량한 말씀을 전달하기보다 이곳, 저곳에서 모아온 '편집매장' 같은 설교를 전달한다."

설교자가 '편집매장' 같은 설교를 하지 않으려면, 인문학을 공부하여 통찰력을 길러야 한다.

인문학은 불안한 미래에 답을 준다

인문학은 불안한 미래에 답을 준다. 나는 인문학을 공부하기 전까지는 오로지 하나님만이 불안한 미래에 답이 된다고 생각했다. 하지만 인문학을 공부하니 문리가 트이면서, 인문학도 불안한 미래에 답을 준다는 것을 깨닫게 되었다. 신기수 등이 공저한《이젠, 함께 읽기다》에 이런 말이 나온다.

> "불안한 미래에서 내가 바로 서기 위해 필요한 공부가 바로 인문학이다."

코로나19로 아주 불안한 미래가 주어졌다. 불안한 미래가 언제까지

갈지 알 수도 없다. 이럴 때 신학은 물론 인문학 공부를 통해 시대의 흐름을 읽어야 한다. 그리고 불안한 미래에 대한 대안을 찾는 데 도움을 받아야 한다.

역사는 반복된다. 반복되는 역사를 통해 불안한 미래를 어떻게 살아갈지, 그리고 어떻게 극복해야 할지를 배울 수 있다. 인문학자 도정일 교수는 이렇게 말한다.

> "중요한 일 중에서 세상 사람들이 궁극적으로 동의할 만한 세 가지 큰일을 고른다면 첫째는 의미 없는 곳에 의미를 부여하는 일, 둘째는 희망이 없는 곳에 희망을 주입하는 일, 셋째는 정의가 없는 곳에 정의를 세우는 일이다."

그가 말하는 '큰일'을 가능케 하는 것이 바로 인문학이다. 그렇다면 설교자는 하나님의 '큰일'을 이루기 위해 인문학에 더 깊게 관심을 가져야 한다.

5
설교에 인문학을 담아내야 한다

인문학은 설교자의 선행 학문이다

인문학은 신학 공부 이전에 선행되어야 할 학습이다. 신학교 다닐 때 '신학은 대학에서 일반학문을 먼저 공부한 다음에 하는 것이 좋다'는 말을 많이 들었다. 이 말에 전적으로 동의한다.

모리모토 안리는 그의 저서《반지성주의》중 '미국 하버드대학교의 교육 편재'에서, "당시 청교도들의 인구가 미처 1만 명도 되지 않는 단계에서 하버드대학교를 세웠다. '현재의 목사들이 죽고 나면 누가 교회 설교를 할 것인가?'라는 생각 때문이었다."라고 쓰고 있다.

하버드대학교에서 목사 양성을 위해 먼저 가르치고자 한 것이 인문학이었다. 즉 청교도들은 설교자에게 인문학은 신학에 앞서 반드시 공부해야 할 선행 학문이라고 생각했다.

설교자는 신학보다 인문학을 먼저 공부해야 한다. 만약 인문학 공부를 하지 않았다면, 신학을 한 뒤에라도 인문학을 일정 기간 공부해야 한다.

설교에 인문학을 담아야 한다

아이폰이 세상에서 가장 선호하는 제품이 된 이유는 공학자가 아이폰에 인문학을 담았기 때문이다. 과학자인 아인슈타인도 인문학을 담았기에 자기 분야에서 일가를 이룰 수 있었다. 문화평론가 박민영은 《인문내공》에서 인문학은 자기 분야에서 일가를 이룬 사람들에게 나타나는 특성이라고 말한다.

> "정직하고 성실하게 노력해서 자기 분야에서 일가를 이룬 사람들은 대개 인문적이다."

설교자는 설교의 전문가이다. 그러므로 설교에서 일가를 이루어야 한다. 만약 설교에서 일가를 이루지 못했다면 앞으로 일가를 이루어야 한다. 그러려면 인문학을 공부해야 한다.

인문학을 공부하면 설교에 인문학이 담긴다. 그러면 설교가 추상적이지 않게 된다. 청중의 눈높이에 맞춰 설교할 수 있게 된다. 설교에 인문학을 담으면 청중과 활발한 소통이 시작된다. 청중은 인문학에 끊임없이 관심을 두고 살아가기 때문이다. 왜냐하면 청중은 인문학의 영역인 그 시대와 사회를 떠나서는 생존할 수 없기 때문이다.

그리스도인은 인문학을 품고 살아가고 있다. 사회인의 책임을 일정 부분 감당하고 살아야 하기 때문이다. 그렇다면 설교자도 인문학을 품어야 한다. 인문학을 품을 때, 설교자는 인간을 대상으로 하는 사역에 더 효과를 나타낼 수 있다.

인문학이 없으면 맹목적 설교가 된다

예전에 설교자들은 청중에게 무조건 믿으라고 소리를 질렀던 적이 있었다. 믿지 않으면 지옥에 간다고 협박까지 했다. 이는 설교를 통해 청중을 맹목적으로 만든 행위라 할 수 있다.

설교는 인격적이어야 한다. 설교는 인간적인 대화로 시작해 영적인 문제를 건드려주어야 한다. 맹목적인 설교가 선포되는 것은 설교자의 인문학의 문제라 할 수 있다. 김용규는 신학이 공허해지지 않고, 인문학이 맹목적이지 않게 되려면, 인문학적 성찰들을 담아야 한다고 말한다.

> "지금 시점에서 포스트모더니즘, 생태주의, 페미니즘, 4차 산업혁명 시대를 맞아 새로운 도전으로 다가오는 문제들 - 예컨대 유발 하라리가 지적한 호모데우스, 데이터교 같은 새로운 문제들-에 대한 인문학적 성찰들을 수용해 말씀에 합당한 해결책을 마련해야 한다는 뜻이다."

설교는 청중의 이해를 도와야 할 뿐 아니라 합당한 논리와 대안을 제시해주어야 한다. 그렇지 않으면 설교자는 선동가밖에 되지 않는다. 김형석 교수는 《그리스도인에게 왜 인문학이 필요한가》에서 아우구스티누스, 파스칼, 키르케고르는 교리나 성경, 교회와 신학으로부터 출발하지 않고, 언제나 인간적인 자아의 문제로부터 출발하고 있다고 말한다. 그리고 도스토옙스키도 인간이 지닌 문제와 인간이기에 품고 있는 근본 과제로부터 문제를 전개하며, 그 문제들의 해결을 탐구해 나간다고 한다.

앞선 믿음의 사람들도 인문학적으로 출발을 했다. 그들이 신앙이 없어서 그런 것이 아니다. 그것이 청중이 잘 받아들일 수 있는 최적의 방법이었기 때문이다. 그들이 강조한 것이 인문학이다. 그렇다면 설교자들도 인문학을 활용해 최적의 방법으로 설교해야 한다.

인문학 그릇을 키워야 한다

설교자는 추상적인 신학적 해석과 설명이 아니라 인문학적 성찰들을 수용해 말씀에 합당한 해결책을 마련해야 한다. 그러려면 설교자가 설교에 인문학을 담아낼 수 있어야 한다. 인문학을 담을 수 있으려면 인문학 그릇을 키워야 한다.

설교자들은 신학 그릇은 크지만, 인문학 그릇은 크지 못하다. 신학과 배치되는 것에는 눈에 쌍심지를 켠 결과다. 쌍심지 켜는 것으로 부족하여 적대시하기까지 한다.

설교자는 어떤 것도 담을 수 있어야 한다. 그가 하나님의 말씀을 맡은 자이기 때문이다. 또한 하나님의 사람이기 때문이다. 하나님의 사람은 달라야 한다. 다르되 매우 달라야 한다. 어떤 것도 일단은 품어서 담아낼 수 있어야 한다.

설교자는 하나님은 물론 세상도 담아낼 수 있어야 한다. 세상을 담으려면 인문학도 담아내야 한다. 인문학을 담으려면 생각과 마음의 그릇이 커야 한다. 그리고 다양성의 가치에 열린 마음이 있어야 한다. 우리나라처럼 '인문학은 인본주의다'라고 정의하는 환경에서, 설교자의 마음 그릇과 학문에 대한 수용력이 크지 않으면 결코 인문학을 담아내지 못한다.

설교자가 인문학을 담으려면 두 가지가 필요하다. 하나는, 하나님의 크심을 닮아야 한다. 하나님은 우주를 다 담고도 남는, 크고도 크신 분이시다. 그렇다면 설교자도 하나님처럼 세상의 모든 것을 담아낼 수 있는 큰 그릇이어야 한다. 큰 그릇의 특징은 닫혀 있지 않고 열려 있는 것이다.

또 다른 하나는, 지적인 탐구심이 많아야 한다. 지적인 탐구심이 없으면 배운 대로만 한다. 그 외의 것은 받아들이려 하지 않는다. 지적인 탐구심이 많으면 자신이 배움의 길을 찾아간다. 나도 배움의 길을 찾다가 인문학의 중요성을 알게 됐다.

많은 설교자가 신학 외의 것에는 생각과 마음이 닫혀 있다. 신학을 하면 생각과 마음이 가장 넓어져야 하는데, 오히려 가장 좁다. 그 이유는 사고의 폭이 좁기 때문이다. 한 분야에 10년쯤 종사하면 사고력은 그 분야만 받아들일 수 있는 우물 안 개구리처럼 된다고 한다. 이 말이 설교자에게 그대로 적용되는 것 같다.

김형석 교수가 《그리스도인에게 왜 인문학이 필요한가》에서 내린 종교인들에 대한 평가가 정확한 것 같다.

"우리나라는 종교사회로 불릴 만큼 종교인들의 비중이 큰 편이다. 종교인들이 폐쇄적이고 고착화된 사고방식으로 정적인 사회를 만들어간다면 종교가 없는 것만 못하다. 개방적이고 창조적인 종교인들이 존재하는 민족은 큰 희망을 갖게 된다. 석가·공자·그리스도는 그런 창조적 희망을 개척해준 지도자들이었다. 무엇보다도 근대화과 정을 넘어 새 역사 창조에 예언자적 업무를 수행하는 종교로 탈바꿈해야 한다."

그는 종교인들이 폐쇄적이고 굳어진 사고방식으로 정적인 사회를 만들어간다면 종교가 없는 것만 못하다고 한다. 설교자는 그가 말한 종교인과 달라야 한다. 설교자는 하나님처럼 생각과 마음이 열려 있어야 한다. 그리고 세상 학문에 대해서도 넓게 열려 있어야 한다.

만약 생각과 마음이 닫혀 있으면, 자신과 다른 것은 무조건 배척하거나 대립한다. 하지만 열려 있으면 어떤 것도 하나님 안에서 다 담아낼 수 있다. 그럴 때 설교자는 설교를 통해 세상에 하나님 나라의 빛을 비추는 통로가 될 수 있다.

6
인문학을 담아내려면 열린 마음이 필요하다

설교자는 열린 마음을 가져야 한다

사람이 열린 마음을 갖기는 쉽지 않다. 열린 마음은 다양한 것을 경험함으로써 얻어질 수 있다. 그런 면에서 신학을 한 설교자가 인문학을 하는 것은 열린 마음을 갖는 데 도움을 준다.

설교자는 자신이 열린 마음을 가지고 있는 것으로 생각한다. 그러나 설교자는 열린 마음을 갖기 힘들다. 신학 외에는 다른 것들은 받아들이려 하지 않기 때문이다.

특히, 보수적인 신학을 한 설교자는 더 열린 마음을 지니기 힘들다. 그이유는 자신이 배운 것과 아는 것 외에는 다 배척해 왔기 때문이다. 보수신학을 한 설교자는 다양성, 다른 학문, 다른 생각을 받아들이면 큰일난다고 민감하게 반응한다. 다름을 틀림이라고 여기는 경향이 강하다.

설교자는 열린 마음을 가져야 한다. 만약 열린 마음을 지니고 있지 않다면 소승불교 승려들처럼 산으로 들어가는 것이 더 적절하다고 생각한다.

설교자가 인문학을 담아내려면 열린 마음을 가져야 한다. 만약 열린 마음을 갖지 않으면 사람을 대상으로 목회하기가 힘들다. 그러므로 인문학을 담아낼 수 있는 설교자가 되기 위해 자기만의 큰 몸부림이 필요하다.

열린 마음은 선택이 아니라 필수다

미국 핀리 대학 종교학과 교수인 이성청은 《청년의 빅 퀘스천》에서 청소년에게 "열린 마음을 가져라"라고 말한다. 설교자는 열린 마음을 이미 갖고 있어야 한다.

그는 청년들에게 열린 마음은 선택이 아니라 시대적 요청이라고 한다. 열린 마음은 창조적 인간의 본성과 상통하기 때문이다. 사람을 향해, 세상과 자연을 향해, 그리고 보이지 않지만 실재하는 미지의 힘을 향한 열린 마음, 열린 생각, 열린 영성은 인간이 가진 본질적인 욕구이자 내면적 요청이기도 하다.

열린 마음은 사회적 교통이라는 거울을 통해 자신을 반성하게 하고 평가하게 할 뿐 아니라, 밖으로부터 다양한 사고와 기술, 그리고 덕을 경험하고 수용함으로써 끊임없이 성장할 수 있게 만든다. 열린 마음을 갖는다는 것은 이를 통해 자기 생각을 수정하거나 포기할 수 있고, 또는 자기 생각을 확장할 수도 있다는 말이다.

열린 마음은 우리가 새로운 기회를 얻게 만들고, 스스로 눌러앉은 안전지대에서 빠져나오게 할 뿐 아니라, '나는 할 수 없다'가 아니라 '나는 할 수 있다'라는 자신감을 갖게 만든다. 그러나 이 열린 마음은 겸손함에서 시작된다. 내가 신이 아닌 이상 내 생각과 주장, 그리고 가치에는 오류가 있을 수 있다는 자각이 전제되어야 한다.

청년들이 열린 마음을 갖고 세상으로 나아가야 한다면 설교자는 더욱 그래야 한다. 하지만 과거에 어느 교인에게 설교자들이 열린 마음이 부족하다는 말을 들은 적이 있다. 이 말은 어느 정도 사실이다. 설교자에게 열린 마음은 당연한 것이 아니라, 애쓰고 애써야 얻어질 수 있는 것이다.

종종 설교자들이 '인문학'이란 말에 짜증 내는 말을 듣는다. 이처럼 인문학에 거부반응을 보이는 상황에서 설교자가 인문학을 담아내는 것은 어렵다. 하지만 열린 마음을 가지려 한다면 반드시 인문학을 담아낼 수 있어야 한다. 인문학을 담아내는 것은 선택이 아니라 필수이기 때문이다.

열린 마음을 갖는 데 필요한 다섯 가지 지침

열린 마음을 어떻게 하면 가질 수 있을까? 이성청은 그의 책에서 열린 마음을 갖는 데 필요한 다섯 가지 지침을 이야기한다.

첫째, 열린 마음을 갖는다는 것이 아무 생각이나 무작위로 수용해도 된다는 과도한 상대주의나, 절대가치나 기준 자체가 존재하지 않는다는 회의주의가 아니라는 사실을 분명히 하고 싶다. 물론 이것은 증거를 토대로 이성의 검증을 거치고 또 이성의 기준에서 납득이 가고 설득력 있는 사고나 주장에 대해서는 과감하게 그 가치를 인정해야 한다는 것을 뜻하지, 개별적인 상황과 조건을 초월하는 우주적이고 일반적인 진리 자체가 존재하지 않는다는 말은 아니다.

둘째, 문제의 핵심을 놓치지 않기 위해 균형 있고 공정한 판단을 막는 요소에 대해서는 철저히 경계해야 한다. 주로 개인적 감정 또는 개인이 속한 집단적 의견이나 이해가 그러한 장애가 될 수 있다.

셋째, 자신이 경험하지 못한 일, 또는 미숙한 분야에 관해서는 적극적으로 전문가들의 의견을 찾고 배우려고 하는 자세가 필요하다. 내가 모든 것에 능통할 수 없고 또 그럴 필요도 없는 것이 세상사다. 타인이 가진 전문 지식과 경험을 내 필요에 맞게 얼마나 잘 활용할 수 있는지가 성공의 관건이다. 다재다능하기보다 하나에 열정과 재능을 쏟고, 다른 것들에는 타인의 지혜로운 자문과 효과적인 도움을 적시에 찾고 구하는 자가 되는 것이 좋다.

넷째, 자신의 사고와 주장 그리고 지식을 끊임없이 평가하고 개선할 자기반성의 구체적인 절차와 노하우를 유지해야 한다. 특정 생각과 가치를 내가 지금껏 문제없이 가지고 살았으니 앞으로도 그게 옳을 것이고 최선일 것이라고 믿고 산다면 안이한 생각이다.

다섯째, 열린 마음을 가진다는 것은 상대방의 말에 진심으로 귀를 기울인다는 것이다. 열린 마음을 가지려면 상대방의 말에 진심으로 귀를 기울여야 한다. 상대방의 말에 진심으로 귀를 기울이면 상대방을 이해하려는 자세로 듣는다. 이런 자세로 들으면 나와 다른 말도 수용하고자 하는 마음이 생긴다.

그는 열린 마음을 가지려면 상대방의 말에 진심으로 귀를 기울이고 이해하려 해야 한다고 말한다. 설교자들에게 인문학을 공부해야 한다고 말하면 진심으로 귀를 기울이지 않는다. 한번 들어보자는 식에 그친다. 설교자를 가르치면서 이런 말을 많이 들었다.

"설교자는 신학만으로 충분하다."

이 말은 이미 인문학이나 다른 학문을 배제하겠다는 말과 다르지 않다. 나도 한때는 설교자는 성경만으로 충분하다고 말했었다. 많은 설교자가 신학 외에는 받아들이려 하지 않는다.

예전에 어떤 설교 모임에 나간 적이 있다. 오직 성경만 읽어야 한다는 분위기가 팽배한 모임이었다. 내가 신학 책을 읽고 그 내용을 말했더니, 성경 외의 책을 이야기한다고 말들이 많아서 그 모임을 그만두었다.

이런 분위기가 팽배한 설교자들에게 인문학을 말해 봤자 배척당할 것은 자명하다. 이처럼 설교자는 자기와 다른 것에 대해 닫힌 마음을 가진 사람이 많다.

블로거 '불량독서가'가 나의 책《독서꽝에서 독서광으로》를 포스팅하면서 이런 말을 했다.

"'하나님 말씀도 읽기도 바쁜데 무슨 세상 책이야?' 여기서 세상 책은 인문학 책이다라고 말하는 건 정말 뷁(오랜만에 나오는 표현)이다."

그리스도인으로 추정되는 이 블로거는 닫힌 마음을 가진 설교자에게 '뷁'이라는 표현을 통해 세상 책을 읽지 않는 것에 대한 부정적 마음을 드러냈다.

공자는 사람들에게 평생 배우라고 했다. 지금은 평생 학습의 시간이다. 그러므로 열린 마음을 갖기 위해 평생 배워야 한다. 지식이 깊어지고 넓어지면 다른 것을 받아들일 수 있게 되기 때문이다. 설교자가 배워야 할 것에는 인문학이 포함된다. 인문학을 통해 다른 사람의 생각을 소중히 여길 때 사회에서 인정받는 지도자의 자격을 갖추게 된다.

설교자는 상대방에게 귀를 기울여야 한다. 인문학 시대에 설교자는 당연히 인문학에 귀를 기울여야 한다.

인문학을 신학 안으로 흡수하라

과거 중세 때에는 신학이 인문학을 흡수했었다. 중세의 대표적인 철학이 스콜라 철학인데, 스콜라 철학은 신학을 잘 설명하기 위한 철학이었기 때문이다.

박민영은 《인문 내공》에서 스콜라 철학이 거의 천 년600-1500년 동안, 곧 중세 시대 내내 인류의 지적 발전을 정체시켰다고 말한다. 그것은 스콜라 철학은 흔히 말하듯이 '종교의 시녀로 전락한 철학'이었기 때문이라고 말한다.

"철학 중 종교 철학이 있다. 이 종교 철학은 본래 철학의 하위 개념이다. 하지만 중세 때 스콜라 철학에서는 철학 자체가 종교의 하위 개념으로 전락한다."

스콜라 철학은 중세에 철학을 신학의 하위 개념으로 전락시켰다. 중세에 스콜라 철학의 시조인 안셀무스Anselm of Canterbury와, 중세 유럽의 스콜라 철학을 대표하는 신학자인 토마스 아퀴나스Thomas Aquinas 등은 철학을 통해 기독교 교리를 논리적으로 증명하고, 이론적으로 체계화하는 일에 힘썼다. 당시 스콜라 철학의 목표는 기독교 교리가 인간의 이성과 부합함을 논증하여 신앙과 이성, 종교와 철학의 조화를 찾는 데 있었다.

중세에는 신학이 철학을 흡수했다. 지금은 신학이 인문학을 시녀 개념으로 만들 수 있는 상황이 못 된다. 한국 사회가 기독교 국가가 아니기 때문이다. 인문학을 신학 안으로 흡수하려면 설교자들은 인문학을 적대적으로 취급하면 안 된다. 신학 안으로 인문학을 흡수하는 것은 철학자보다 탁월한 신학자가 몇 배는 많을 때 가능성을 엿볼 수 있다.

우리 관점에서 인문학은 신학보다 하위 개념이다. 인문학이 신학보다 하위 개념이라면, 인문학을 신학 안으로 끌어들일 수 있다. 설교자가 인문학을 신학 안으로 흡수하려면, 먼저 인문학에 정통해야 한다. 적을 알아야 답을 찾을 수 있고, 흡수할 수도 있기 때문이다. 그다음에 신학이 인문학을 융합해 더욱더 발전시켜야 한다.

설교자의 설교 대상은 하나님이 아니라 사람이다. 설교자는 인문학의 주제와 중심인 휴머니티humanity*에 대해 알아야 한다. 설교자가 인문학을 공부해야 하는 목적은 인간성을 고양하기 위해서가 아니다. 청중을 정확히 안 뒤 청중을 하나님께로 인도하기 위해서다.

르네상스는 인문학을 인간성 고양을 위한 가이드로 제시했다. 그 결과 르네상스는 인문학을 통해 삶을 보는 통찰력, 지혜의 향기가 묻어나게 했다. 그렇다면 설교자도 중국의 사상가 손자가 병법에서 말한 것처럼, 적을 알기 위해 인문학을 공부함으로써 인문학의 통찰력, 지혜의 향기를 흡수해 하나님을 잘 드러내야 한다.

청중을 알려면 인문학을 알아야 한다.

설교자는 청중을 얼마나 알고 있는가? 나는 잘 안다고 말하지 않는다. 30년 이상 살았던 아내도 잘 모를 때가 많다. 몇십 년 사귄 친구가 어떤 행동을 할 때 "왜 저런 행동을 하지?"라며 나도 잘 모른다고 고백할 때가 있다.

설교자가 주일 예배에 참석해 설교를 듣는 청중을 안다는 것이 피상적일 때가 많다. 생각과 마음을 모르면 안다고 할 수 없기 때문이다. 청중을 안다는 것은, 그가 인간인 것을 아는 것이 아니다. 청중이 어떤 생각을 하고, 어떤 것을 원하고, 어떤 설교를 듣고자 하며, 예배 시간에 어떻게 하면 설교에 귀를 기울이는가를 아는 것이다.

청중을 알려면 인간을 알게 해주는 인문학을 공부해야 한다. 청중을

---

* 인간에 대한 사랑. 또는 따뜻한 인정(=인간애).

아는 데 인문학만큼 도움 되는 것이 없기 때문이다. 기업이 인문학에 깊은 관심을 두는 이유는 좀 더 비즈니스를 잘하기 위함이다. 기업은 공학도들에게 인문학을 교육한다. 김병완은《퀀텀 독서법》에서 공학도가 인문학을 해야 하는 이유를 이렇게 이야기한다.

"서로 이질적인 것이 연결될 때 창조가 이루어진다는 패러다임이 확산되었기 때문이다."

지금 한국 사회는 이질적인 것이 꼭 필요한 융합의 시대가 되었다. 이질적인 것과의 통섭으로 창조적인 것을 만들어야 하기 때문이다. 정민 교수는《체수 유병집 – 글밭의 이삭줍기》에서 이런 말을 한다.

"지금의 인문학 열풍은 옛날이 궁금해서가 아니라 지금이 납득되지 않아서다."

세상은 지금이 이해되지 않아 인문학을 공부한다. 그렇다면 인문학이 이해되지 않는 설교자는 반드시 인문학을 공부해야 한다. 설교자 대부분이 인문학을 거부하는 이유는 인문학이 이해되지 않기 때문이다. 만약 설교자가 인문학이 필요한 것이 이해되지 않는다면, 그 사람은 진짜로 인문학이 필요한 사람이다. 그러므로 인문학을 필수적으로 공부해야 한다.

설교자는 자신의 설교가 청중에게 이해되지 않음을 알고 있는가? 많은 청중이 설교가 이해되지 않아 은혜를 맛보지 못한다. 그 결과 삶의 변화가 일어나지 않고, 신앙생활에 고민만 품고 살아가게 된다.

설교자는 청중에게 이해되도록 설교해야 한다. 이해되는 설교를 위해 인문학을 공부해야 할 이유는 두 가지다. 하나는 설교의 대상인 인간을 알기 위해서다. 또 다른 하나는 인간을 설득하기 위한 논리를 습득하기 위해서다.

Chapter 3.
인문학은 마음공부다

chapter

03
인문학은 마음공부다

1. 인문학은 청중의 마음공부다

2. 마음공부가 설교자의 마지막 공부다

3. 인문학은 마음을 다스리게 한다

4. 인문학은 생각의 사람을 만들어 낸다

5. 인문학은 '여전함'에서 '역전함'으로 방향을 틀어 준다

6. 인문학은 인생 문장을 만들게 한다

1
인문학은 청중의 마음공부다

인문학은 청중과의 다리 역할을 해 준다

설교자는 신학이 탄탄해야 한다. 목회 시작 후 10년은 신학에 많은 시간을 투자해야 한다. 그러나 10년이 지난 후에는 신학은 물론 인문학을 공부하여 균형 잡힌 설교자가 되어야 한다. 10년 이상 된 설교자는 일정 기간 인문학 독서를 해야 한다.

신학만 하면 사고가 왜곡되어 절름발이와 같은 설교자가 될 확률이 높다. 조직신학 전공자들은 조직신학 책만 열심히 읽는다. 성경신학 전공자들은 성경신학 책만 열심히 읽는다. 결국 조직신학과 성경신학의 세계에 갇히고 만다. 이런 설교자는 더 많은 양의 인문학 책을 파고들어야 한다. 그래야 유연한 사고, 융합의 사고를 할 수 있기 때문이다.

나는 많은 설교자가 신학 서적 위주로 책을 읽는 것을 안타깝게 생각한다. 대화해보면 사고의 폭이 좁아 깊은 이야기를 이어가는 것이 힘들기 때문이다.

내가 쓴 책은 가독성이 좋다고들 말한다. 내가 존경하는 설교 작가의 글은 가독성이 좋지 않다고 아쉬움을 토로하는 말을 종종 듣는다. 가독성이 좋지 않으니 읽다가 덮어버린다고 한다. 책을 열심히 읽는 설교자가 있는데, 그는 가독성이 좋은 책을 읽으면 더 행복하다고 말한다.

어떤 사람이 가독성 있는 책을 쓰는가? 인문학을 포함한 다양한 책을 읽은 사람이다. 한 분야의 책만 파고든 사람은 책을 잘 쓰지도 못함은 물론, 가독성 있는 책을 잘 못 쓴다.

설교자는 신학에 정통해야 한다. 또한 하나님과 청중을 잇는 다리 역할을 하는 인문학을 해야 한다. 설교자가 신학을 해야 하는 이유는 성경의 배경과 해석이 중요하기 때문이다. 설교자가 인문학을 해야 하는 이유는 사고력, 어휘력, 그리고 표현력과 함께 삶에 적용하는 것이 중요하기 때문이다. 많은 설교자가 적용을 어려워하는 이유는 인문학 독서를 하지 않기 때문이다.

설교자는 신학에 정통할 뿐 아니라, 인문학에 남다른 조예가 있어야 한다. 더 나아가 음악, 예술, 과학, 경제 등에서 기본적인 것까지도 알고 있어야 한다. 그래야 청중과 소통하는 설교자가 될 수 있다.

인문학은 청중의 '잃어버린 마음'을 찾게 한다

설교자는 신학을 해야 한다. 또한, 설교자는 인문학을 해야 한다. 인문학 안에서도 심리학을 해야 한다. 설교자는 말씀을 청중의 마음과 잘 연결해야 하기 때문이다.

설교자는 하나님을 제대로 알아야 한다. 그리고 인간을 알아야 한다. 인문학은 사람을 이해하는 인간학이다. 독일의 철학자 막스 셸러Max Scheler는 인간 문제에 관해 대표적인 업적을 남긴 사람이다. 그는 인간학을 모든 학문과 사상의 근본이라고 생각했다.

인문학은 인간과 관련된 학문과 사상의 기본이다. 그러므로 인간을 대상으로 설교하는 설교자는 인간과 관련된 학문을 해야 한다. 설교자가 인문학을 공부할 때 먼저 알 것은 '인간이 누구냐?' 하는 것이다. 인간이 누구인지를 알려면, 먼저 청중의 마음을 알아야 한다. 인간의 마음을 안다는 것은 청중의 잃어버린 마음을 찾아야 한다는 말이다.

조윤제는《다산의 마지막 공부》에서 이런 말을 한다.

"(인문학)공부는 결국 잃어버린 마음을 찾는 과정이다."

설교하려면 많은 것을 알아야 한다. 하나님 이해, 세상 이해, 사람 이해, 마음 이해 등이 필수적이다. 그중에서도 설교자가 반드시 공부해야 할 것이 청중의 마음 이해이다. 잃어버린 마음을 찾아 연결해주어야 하기 때문이다.

청중이 설교자에게 가장 원하는 것은 성경의 뜻을 알려주는 것이 아니라 청중의 마음을 이해해주는 것이다. 그러나 설교자가 가장 취약한 부분이 청중의 마음 이해이다. 그러므로 설교자는 청중의 마음을 이해하려 해야 한다. 설교자가 청중의 마음을 이해하고자 할 때, 청중이 설교자의 설교에 집중하기 시작한다.

성경 연구는 설교자가 가장 먼저 할 일이다

설교자가 가장 먼저 할 것은 성경 연구이다. 성경 연구의 시작은 성경 해석으로부터 시작된다.

성경 해석은 매우 어려운 일이다. 그러나 성경 해석은 도움을 받을 수 있는 곳이 아주 많다. 관련된 책들도 많고, 성경 프로그램도 있다. 최근에는 로고스 바이블 소프트웨어가 설교자들에게 많은 도움을 준다고 한다. 로고스 바이블에는 수많은 성경 번역본과 원어 사전, 그리고 주석이 들어 있어서, 이것만으로도 성경 배경 이해와 해석에 큰 도움을 받을 수 있다.

그러나 나는 이런 현상을 아주 염려스럽게 바라보고 있다. 차라리 책을 통해 성경 해석을 하기를 바란다. 그 이유는 편리한 성경 연구 프로그램이 설교자의 사고력을 가로막기 때문이다. 사고력이 없는 설교자는 그저 성경 프로그램의 앵무새가 될 수 있다. 동시에 같은 스타일의 성경 해석이 쏟아져 나오는 최악의 상황을 맞이할 수도 있다.

최근에 대형 교회 목사들이 특정 설교자의 설교를 표절하여 거의 카피 수준의 설교를 하고 있다는 소문이 돌고 있다. 그저 소문에 그치길 바랄 뿐이다. 이런 현상이 나타나는 이유는 자신의 설교를 할 수 있는 능력을 갖추지 못했기 때문이다. 설교자는 성경 연구를 가장 먼저 해야 한다. 성경을 연구할 때 책을 통해 하나씩 해결해 나가야 한다.

설교자는 청중의 마음도 섭렵해야 한다

설교를 잘하기 위해서는 하나님을 아는 신학을 해야 한다. 그러나 삶과 연결되는 설교를 하려면 신학만으로는 충분하지 않다. 설교를 듣는 청중을 알아야 한다. 설교자가 청중을 알되, 청중의 마음을 알아야 한다. 더 나아가 성경에 등장하는 등장인물의 마음도 알아야 한다. 청중의 마음은 주석을 본다고 발견할 수 있는 것이 아니다. 인문학으로 청중의 마음을 공부해야 한다.

설교자가 청중을 이해하고, 청중의 마음을 이해하며, 더 나아가 세상을 이해하기 위해서는 인문학의 도움이 가장 효과적이다. 특히, 성경에 등장하는 인물과 청중의 마음을 이해하기 위해서는 인문학을 공부해야 한다.

마음 이해가 청중 이해이다

한 성도가 이런 말을 했다.

> "설교 듣는 것이 아주 힘들 때가 있다. 그것은 마음이 힘든데, 힘든 마음을 이해해주지 않고, 성경의 잣대로 그렇게 살지 못하는 것을 책망할 때다. 대부분 설교자는 성경에 기록된 대로 설교를 한다. 성경에서 말씀하시는 당위성에 따라 그렇게 살라고 명령식으로 말을 한다. 명령식으로 막무가내로 설교를 하면 설교자의 설교가 마음에 와닿지 않는다. 먼저 내 마음이 열리지 않는다. 그러면 하나님의 말씀인 진리를 이해하고 싶은 마음이 사라진다. 받아들여지기는커녕, 시간 낭비한다는 생각이 든다. 설교자의 설교가 일도 공감이 되지 않는다."

이 성도의 말을 통해 설교자가 청중의 마음을 알지 못하고 설교하면 어떤 상황이 발생하는지 알 수 있다. 설교자가 청중의 마음을 이해하지 못하면, 청중은 설교를 듣기 힘들다.

설교자에게는 위의 말이 어떻게 들리는지 모르겠다. 나는 전에는 이런 말들이 전혀 들리지 않았다. 군대처럼 하나님의 말씀을 들으면 되는 것 아니냐고 항변하기까지 했다. 이는 청중의 마음을 헤아리지 않고 자신이 하고 싶은 말만 하는 설교자의 모습이다.

그 성도는 한 마디를 더 덧붙였다.

"설교자가 청중의 마음 이해를 하지 않고 진리의 말씀을 설교하면 마음속에 드는 생각이 있다. '설교자는 설교한 대로 말씀대로 살았는가?' 하는 것이다. '그 말대로 먼저 살아 보고 말하는가?'라고 저절로 되물어진다."

그 성도는 더 심각한 말까지 했다.

"설교자가 청중의 마음을 이해하거나 공감하려 하지 않고, 자신이 하고 싶은 말만 하는 설교를 들으면, 숨이 콱콱 막힘은 물론 심지어는 숨이 쉬어지지 않는다."

설교자가 청중의 마음을 이해하는 것이 어느 정도 중요한지를 말해준다. 성경 해석의 중요성만큼이나 청중의 마음공부가 중요함을 일깨워

준다. 그러나 현실은 어떠한가? 많은 설교자가 청중 이해를 먼저 배우지 않는다. 하나님과 성경 해석을 주로 배운다. 성경 해석만이 중요하다고 생각하기 때문이다. 하지만 청중은 다르다. 청중의 마음 이해가 더욱 중요하다. 청중의 마음 이해가 안 된 설교는 청중에게 딴 나라 이야기로 들릴 뿐이다.

청중 이해가 되면 공감이 뒤따른다

설교자가 청중을 이해하면 뒤따르는 것이 청중의 마음과의 공감이다. 청중을 이해하지 못하는 설교자는 대부분 이런 말을 한다.

"왜 당신들은 하나님의 말씀대로 삶을 살지 않습니까?"

상당히 많은 설교자가 이런 말을 하는 것 같다. 만약 설교자가 청중을 이해했거나 청중의 마음에 공감하면 이렇게 말하지 않는다. 청중의 마음에 다가서려 한다. 먼저 '나는 그렇게 살고 있는가?'라고 자신에게 묻는다.

또한, 청중의 마음을 이해하지 않는 설교자는 이런 말도 한다.

"믿음 생활을 제대로 하지 않는 이유가 무엇인가요? 요즘 기도를 하지 않죠? 새벽 예배를 나오지 않으니 신앙의 열정이 식은 것 같습니다" 등등….

이것은 청중의 마음을 이해하지 않는 설교자의 전형적인 말투다. 과거에 나의 말투도 그랬다. 청중의 마음을 이해하려 하지 않았고, 청중이 신앙생활을 잘하지 못하는 것에 공감하려 하지 않았다.

청중이 주일날 예배드릴 때의 마음을 설교자는 알고 있어야 한다. 청중은 하나님의 사랑을 받고자 교회에 온다.

그리고 하나님의 말씀, 즉 설교로 위로받기를 원한다. 하지만 청중의 마음을 모르는 설교자의 설교로 위로는커녕 책망을 들으니, 주일날 마음이 더 힘들게 된다.

신학자나 설교자들이 종종 하는 말이 있다.

"교인들이 죄에 대한 설교나 회개를 촉구하는 설교를 싫어한다."

교인들이 이런 설교를 싫어하는 것이 아니다. 청중의 마음을 이해함이 없이 무조건 죄를 정죄하기에 싫어할 뿐이다. 청중의 마음을 이해하면서 이런 설교를 하면, 그 말을 지당하게 받아들일 준비가 돼 있다. 그러므로 성경적으로 설교하는 것도 중요하지만, 청중의 마음을 이해하고 공감하고자 하는 마음으로 설교해야 한다.

예전에 한 성도가 이런 말을 했다.

"설교자가 먼저 청중의 마음을 이해해주려고 하면 숨이 쉬어진다. 숨이 쉬어짐은 물론, 설교자의 당위적인 말에도 자신을 되돌아보고 그런 모습을 스스로 인정한다. 설교자가 청중의 상황을 이해해주고 마음을 알아주면 엄청나게 행복해진다. 더 나아가 설교자가 청중의 처지에서 마음을 이해해주고, 공감해주는 설교를 듣는 순간 울컥하게 된다. 그리고 말씀을 되새기며 저절로 행복한 한 주간을 살게 된다."

성도의 이 말을 설교자는 깊이 새겨들어야 한다. 설교자는 성경 해석 능력만 갖춰서는 안 된다. 공감 능력이 탁월해야 한다. 설교자는 하나님과의 공감 능력은 탁월하나, 청중과의 공감 능력은 낙제점이다. 설교자는 청중과의 공감 능력이 장착되어 있어야 한다. 공감은 청중의 마음으로 연결되기 때문이다.

미국의 작가 C. 조이벨 C.가 이런 말을 했다.

"공감은 혀가 아니라 마음으로 만들어진다Connections are made with the heart, not the tongue."

공감하려면 청중의 마음을 알아야 한다. 하나님 마음은 물론 청중의 마음을 알아야 한다. 청중의 마음을 아는 것이 설교자의 몫이자, 설교자의 책임이다. 설교자가 청중의 마음을 몰라 설교에 실패했다면, 이는 설교자가 하나님 앞에 책망받을 일이다.

설교자는 기억해야 한다. 설교자는 하나님의 마음과 청중의 마음을 연결해주는 사명을 가진 자라는 것을 말이다.

청중의 마음과 공감하는 설교를 하라

설교는 하나님의 말씀 선포로 시작된다. 과정은 설득이어야 한다. 마지막으로 공감이어야 한다. 어떤 것이든 마지막이 중요하다. 결국 공감이 중요하다.

많은 설교자가 공감보다는 팩트 설명으로 시작한다. 과정도 팩트로 설득하려 든다. 마지막은 설교자의 당위성에 관한 주장을 펼친다. 청중과 공감하는 설교를 하려면 본문 중심 설교로는 부족하다. 청중의 처지에서 설교를 준비해야 한다.

유기성 목사는 설교 준비를 두 번 한다고 한다. 한 번은 본문 중심으로, 또 한 번은 청중 중심으로 한다. 그가 왜 설교 준비를 두 번 하는가? 청중과의 공감이 청중을 변화시킴을 알기 때문이다.

어떤 교인이 전화상으로 상담을 요청했다. 그 교인이 하는 말을 들으면서 나는 성경 말씀을 언급하는 것을 자제했다. 그리고 그 상황과 그 마음을 이해하려 했다. 그리고 공감하려 했다. 더 나아가 그의 말에 맞장구를 쳐주었다. 상담이 다 끝나갈 무렵, 그 성도가 내게 이런 말을 했다.

"목사님이 오늘은 예수님처럼 보이네요."
"목사님 말씀이 하나님께서 내게 말씀하시는 하나님의 음성으로 들려요."

이런 말은 처음 들어보았다. 과거에 신학으로 꽉 채워졌을 때는, 청중의 마음을 헤아리지 않고 성경의 잣대로만 조언해주었다. "요즘 기도 생활이 힘을 잃었죠?", "말씀에서 은혜를 받지 못하고 있죠?"라는 식이었다.

이런 말이 틀린 말은 아니다. 그러나 내가 위와 같은 말을 해줄 때마다 청중의 마음이 힘들어하는 것을 느꼈었다. 하지만 대안을 갖고 있지 못했다. 아니 대안을 찾지 않았다. 청중의 마음은 중요하지 않고, 하나님의 말씀만 중요하다고 확신했기 때문이다.

그러나 인문학을 공부한 뒤 바뀌었다. 하나님의 말씀과 하나님의 마음이 당연히 중요하다. 동시에 청중의 마음도 중요해졌다. 그리고 마음과 마음의 공감이 중요함을 깨닫기 시작했다. 그랬더니 처음으로 "예수님처럼 보인다"라는 말을 들었다.

설교자는 하나님의 뜻을 전해야 한다. 그러나 하나님의 뜻을 팩트 그대로 전하면 안 된다. 먼저 청중의 상황과 청중의 마음을 헤아려야 한다. 즉 청중과의 공감을 중요하게 여겨야 한다. 그럴 때 설교가 허공에 뿌려지지 않고, 청중의 마음을 파고든다. 그리고 하나님의 뜻대로 살겠다는 결단으로 이어지게 만든다.

2
마음공부가 설교자의 마지막 공부다

설교자의 마지막 공부는 '마음공부'다

설교자의 처음 공부는 성경 해석 공부다. 안타까운 것은 많은 설교자가 이 공부만 한다는 것이다. 마지막 공부는 성경 해석이 아니라 하나님과 청중의 마음공부여야 한다. 사람에게 마지막 공부는 마음공부이기 때문이다.

고전 연구가 조윤제는 《다산의 마지막 공부》에서 이런 말을 했다.

"마음공부가 마지막 공부다."

이 말이 나에게 충격적으로 다가왔다. 그 이유는, 설교자의 인문학 공부에서도 마지막 공부가 마음공부이기 때문이다. 설교자는 인문학 공부를 통해 사람의 마음을 공부해야 한다.

외식경영전문가인 백종원은 《백종원의 장사 이야기》에서 소비자의 마음을 읽으라고 한다.

"외식 사업은 항상 소비자의 마음을 읽어야 한다. 그리고 그 소비자가 이탈할지도 모른다는 불안한 마음을 가지고 있어야 한다. 아무리 매상이 어느 정도 선에 올랐다 해도 마찬가지다."

그는 소비자의 마음 읽기가 장사라고 한다. 사람을 대상으로 하는 목회도 다르지 않다. 목회에서 중요한 것이 청중의 마음 읽기이다. 설교자가 설교할 때 마지막으로 고민하는 마음공부가 마지막 공부라는 말이 틀린 말이 아니다.

나는 신학을 한 뒤 오로지 하나님의 마음만 알려고 했다. 그러나 인문학 책을 읽으면서 인간의 마음이 중요함을 알게 되었다. 지금은 설교자들을 가르치면서 마음공부가 아주 중요함을 절실히 깨닫고 있다,

잃어버린 마음을 되찾아야 한다

마음공부를 하다 보면 자신 안에 아픈 마음이 있음을 느낀다. 또한 자신 안에 잃어버린 마음이 있음을 깨닫는다. 그러면 그 마음을 되찾아야 한다. 사람이 잃어버린 마음은 두 가지다.

첫째, 하나님의 형상을 잃어버렸다.
둘째, 선한 마음을 잃어버렸다.

이 두 마음을 속히 되찾아야 한다. 잃어버린 하나님의 형상을 되찾으려면 예수 그리스도를 믿음으로 하나님의 사람이 되어야 한다. 선한 양

심을 되찾으려면 하나님의 마음을 내 안으로 받아들여야 한다.

　나는 하나님의 형상을 입은 사람이 된 것을 깨달은 뒤 신학을 했다. 신학을 하기 전에는 어떤 것도 포용할 수 있었다. 그런데 신학을 공부할수록 포용할 수 없는 것이 많아졌다. 다른 말로, 내 안에 잃어버린 마음이 있었다는 것이다. 잃어버린 마음 중 하나가 청중에 대한 마음이었다.

　설교자에게 잃어버린 마음이 있다면 그 마음을 회복해야 한다. 잃어버린 마음을 회복하려면 인문학을 가까이하라는 하나님의 사인으로 받아들여야 한다.

　나는 청년 시절, 성경을 통해 상처 난 마음, 꿈이 없는 마음, 자포자기하고 싶은 마음이 회복되었다. 세상 어떤 것도 품을 수 있다는 자신감으로 가득 찼었다. 그런데 신학을 공부한 이후 세상에 대해 정죄하기 시작했다. 말씀대로 살아가지 않는 사람을 이해하는 것이 아니라 비난하게 되었다.

　이에 대해 혹자는 '그것은 너 자신의 문제'라고 말할지도 모른다. 그럴지도 모른다. 그러나 인문학에 대한 이해 부족도 중요한 이유이다. 설교자는 인문학을 통해 청중에 대한 잃어버린 마음을 회복해야 한다.

마음공부를 향해 달려야 한다

　설교자의 마지막 공부는 마음공부이다. 마음공부의 대상은 청중이다.

　종교개혁자 마르틴 루터Martin Luther는 이렇게 말했다.

　　"하나님은 우리의 선행을 필요로 하시지 않는다. 우리의 선행을 필요로 하는 것은 우리의 이웃이다."

중국의 철학자 맹자는 이렇게 말했다.

"백성이 가장 귀하고 사직이 그다음이며 군주는 가볍다. 따라서 백성의 마음을 얻으면 천자가 되고, 천자의 신임을 얻으면 제후가 되며, 제후의 신임을 얻으면 대부가 된다."

마르틴 루터의 말처럼, 우리의 선행이 필요한 것은 우리의 이웃이다. 맹자가 말한 대로 우리는 백성의 마음을 얻어야 한다. 마찬가지로 설교자는 청중의 마음을 얻어야 한다.

정치인이 대통령이나 국회의원으로 당선되려면 시민들의 마음을 얻어야 한다. 그래서 시민들의 마음을 얻으려 공약을 내세운다. 고개 숙여 인사하고 악수하며, 잘하겠으니 뽑아달라고 간청한다.

정치인들은 어떻게 해서든 시민의 마음을 얻으려 한다. 그래서 이들이 가장 많이 하는 공부가 '어떻게 시민의 마음을 얻을 것인가?'이다. 시민의 마음을 얻기 위해 카피라이터를 동원해 선거용 문구 제작에 심혈을 기울인다.

설교자도 청중의 마음을 얻어야 한다. 이미 하나님의 마음을 얻었다고 만족하면 안 된다. 가장 얻기 힘든 청중의 마음도 얻어야 한다. 청중의 마음공부가 설교자가 해야 할 마지막 공부다. 마음공부가 마지막 공부라는 것은 그만큼 마음공부가 어려운 공부라는 것을 말해준다. 설교자가 청중의 마음을 얻지 못하면 그 설교는 죽 쒀서 개 주는 꼴밖에 안 된다.

3
인문학은 마음을 다스리게 한다

마음을 지켜야 한다

설교자는 무엇보다 먼저, 자기 마음을 지킬 줄 알아야 한다. 잠언 4장 23절은 이렇게 말한다.

> 모든 지킬 만한 것 중에 더욱 네 마음을 지키라 생명의 근원이 이
> 에서 남이니라 _잠 4:23

생명의 근원의 출처는 마음이다. 영적 리더인 설교자가 지킬 것과 다스릴 것은 다른 것이 아니라 마음이다. 마음을 지키려면 마음을 이야기하는 인문학을 공부해야 한다.

인문학은 마음을 다스리는 길을 알려준다. 인문학은 또한 사람의 마음을 알기 위해, 사람다운 사람이 되기 위해 배우고 익히도록 안내해준다.

성경도 마음을 많이 이야기한다. 우리는 성경을 통해서도 마음에 관한

공부를 할 수 있다. 그러나 성경은 구원에 관한 책이므로, 마음을 어떻게 지키고 다스려야 하는지 세세한 방법까지 말해주지는 않는다. 그러므로 마음에 관해 자세히 말해주는 인문학을 통해 배워야 한다.

설교자는 자기 마음을 지키고 다스릴 줄 알아야 한다. 자기 마음을 다스리려면 마음에 대해 알아야 한다. 마음에 대해 알 때 마음에 관심을 둔다. 그리고 마음을 다스리기 위해 힘쓴다. 영적 지도자인 설교자가 마음을 지키고 다스리지 못한다면 지도자의 자격을 갖췄다고 말하기 곤란하다.

설교자가 마음을 다스리지 못함을 보여주는 대표적인 것이 분노이다. 분노는 영적으로, 그리고 정신적으로 마음이 건강하지 않음을 드러낸다. 나도 분노에 취약하다. 분노를 일으킬 때가 많다. 나의 분노의 원인은 타인이 아니라 자신 때문이다. 곧, 나의 삶에 대한 불만이 원인이다. 결국 분노는 자기 삶에 대한 불만족으로 발생한다.

아내가 최근에 이런 말을 했다.

"요즘 당신 사역에 열매가 있으니 분노가 많이 사라졌다."

이는 분노는 자신과 관련된 것뿐만 아니라 환경에 의해서도 발생한다는 것을 말해준다. 아내가 말하기를, 나의 분노는 자신에 대한 불만족일 때가 많으며, 경제적인 어려움이 있을 때도 많이 발생한다고 했다.

부부가 싸우게 되는 이유 중 가장 큰 비중을 차지하는 것이 경제적인 문제이다. 나의 결론은, 결국 분노는 마음의 문제라는 것이다. 자기 문제, 타인과의 관계, 경제적인 문제 등은 결국 마음의 문제이기 때문이다.

마음을 다스리려면 인문학의 도움을 받아라

마음을 다스리려면 인문학의 도움을 받아야 한다. 설교자들은 하나님의 도움만 받으면 분노하지 않게 된다고 말할지도 모른다. 이는 자기 문제를 하나님께 책임 전가하는 것일 수 있다.

한 번은 어느 성도가 전화를 걸어 와, 삶이 힘들어 죽고 싶다고 말했다. 더는 세상을 살 이유를 발견할 수 없다는 것이다. 그는 신앙이 좋다고 평가를 받는 사람이었다. 그의 고민은 다른 것이 아니라 자신이 점점 미워지는 것이라고 했다. 하나님의 말씀대로 살지 못해서 괴롭다는 것이다.

주위 교인들이 그에게 같이 기도하자고 한단다. 그러나 기도도 나오지 않고, 말씀조차 들리지 않는다고 했다. 그 성도의 경우는 신앙의 문제도 있지만, 마음의 문제가 더 컸다. 그 성도는 마음에 사랑과 위로가 필요한 것이다.

홍자성은 『채근담』에서 마음의 중요성을 이렇게 이야기한다.

"마음의 본체가 광명정대하면 어두컴컴한 방안에서도 맑고 푸른 하늘이 있는 것 같고, 생각이 어둡고 어리석으면 밝은 태양 아래에서도 악마의 마음이 생겨나게 된다."

마음에 따라 악마가 되기도 하고, 정의의 사자가 되기도 한다. 그러므로 설교자는 마음을 잘 다스릴 수 있도록 준비돼 있어야 한다.

한스 컨설팅 대표인 한근태는 《일생에 한 번은 고수를 만나라 - 경지에 오른 사람들, 그들이 사는 법》에서 SK케미칼의 최창원 부회장의 마음 다스리는 방법을 이야기한다.

최 부회장은 '구나', '겠지', '감사'의 3단계로 마음을 다스린다고 한다. 거슬리는 일이 생겼을 때 이렇게 생각한다는 것이다. 처음엔 '그가 내게 이러는구나'라고 객관적으로 받아들인다. 다음엔 '뭔가 이유가 있겠지'라고 생각한다. 마지막은 '~하지 않는 게 감사하지'라고 마무리한다는 것이다. 참 현명한 방법이다.

성령 충만으로 잃어버린 자제력을 회복할 수 있다. 또한 자제력에 대한 것을 알고, 회복탄력성에 관한 심리학 공부를 통해 자제력을 발휘할 수 있게 된다. 그러므로 분노를 다스리기 위해서는 신앙과 함께 인문학의 도움을 받아야 한다.

리더는 마음을 다스려야 한다

조윤제가 쓴《다산의 마지막 공부》에서 다산 정약용은 마음 다스림에 대해 이렇게 말한다.

> "마음 다스리는 일은 고난을 이겨내는 힘이며, 학문의 끝이자 결론이다."

그가 이렇게 말하는 것은, 정조의 가장 총애받던 신하였지만, 폐족이 되어 유배 생활을 하던 고난의 시기에 인문학을 통해 마음을 다스렸기 때문이다.

다산은 또 이렇게 말했다.

"남은 삶 역시 마음을 다스리는 일에 힘을 다하고자 했다."

그가 말하는 학문은 신학이 아니라 인문학이다. 나는 말씀으로 마음을 다스린다. 동시에 인문학 책을 통해 마음 다스리는 법을 배워 도움을 받는다. 그러므로 신학은 물론 인문학의 도움도 받아야 한다.

우리가 도움을 받을 학문은 인문학 중에서도 심리학이다. 사람들은 마음에 관심이 많다. 그 결과 심리학은 20세기에 가장 많이 발전한 학문이 되었다. 이 시대에 사람의 마음과 심리를 아는 것이 중요해졌기 때문이다.

사람에게 중요한 것은 경제적인 것도 있지만 마음이 가장 중요하다. 아들러 심리학을 배경으로 한 기시미 이치로, 고가 후미타케의 《미움받을 용기》는 행복해지려면 다른 사람에게 미움받을 용기가 필요하다고 말한다. 이는 마음 다스림이 인생의 행복을 결정한다는 말이다. 사람은 마음으로 인해 행복할 수도 있고, 불행해질 수도 있다.

설교자는 마음을 다스리기 위해 두 가지 도움을 받아야 한다. 먼저, 하나님의 도우심을 받아야 한다. 그리고 인문학의 도움을 받아야 한다. 한 나라의 군주이든 한 조직의 리더이든, 마음을 다스리는 것이 가장 중요하기 때문이다.

마음 다스리기는 마음을 다스리겠다고 해서 되는 것이 아니다. 먼저 마음을 알아야 한다. 마음이 어떻게 작동되는지 알아야 한다. 그리고, 어떻게 마음을 다스리는지를 알아야 한다. 알기 위해 공부해야 한다.

옛날 군주학은 군주에 대한 학문이 아니다. 군주의 마음을 어떻게 다스려야 하는가에 대한 학문이다. 군주학이 필요했던 이유는 한 나라의 군주나 한 조직의 리더는 자기 마음을 다스릴 수 있어야 제대로 이끌 수 있기 때문이다. 그래서 그 유명한 고사성어로 '수신제가 치국평천하'修身齊家 治國平天下라는 말이 있다.

> "몸이 닦여진 후에 집안이 가지런해지고, 그 후에 나라가 다스려지고, 그 다음에 천하가 화평해진다."

자기를 다스릴 때 가정과 조직, 그리고 나라를 평안하게 할 수 있다. 나라가 평안해지려면 군주가 마음을 다스려야 한다. 개인이 평안해지려면 개인의 마음을 다스려야 한다. 결국 사람은 마음 다스리기를 잘해야 한다.

리더는 마음 수양법을 익혀야 한다

앞에서 나라의 리더인 군주는 마음 수양을 잘해야 한다고 했다. 교회의 리더인 설교자도 마음 수양법이 몸에 체득되어 있어야 한다. 인문학의 끝판왕이 고전이다. 중국 고전《대학大學》은 수기치인修己治人을 이야기한다. 수기치인修己治人이란 사람이 스스로 수양하여 덕을 갖추어, 남에게 좋은 영향을 미치고 세상을 다스리는 것을 말한다.

설교자는 마음을 다스릴 수 있는 수기치인을 해야 한다. 송나라 학자 진덕수는《심경》에서 송대 학자들의 마음 수양법을 이야기한다. 정조는 국왕으로서 나라의 올바른 통치를 위해《심경》을 공부하겠다고 선언

했다. 그리고 마음공부는 임금으로부터 백성에 이르기까지 해야 한다고
했다.

《심경》의 저자 진덕수가 직접 쓴 《심경찬》에서 마음공부를 해야 하는
이유를 이렇게 이야기한다.

"사람의 마음은 늘 위태롭고, 도의 마음은 잘 드러나지 않는다. 오
로지 정밀하게 살피고 한결같이 지켜 그 중심을 붙잡아야 한다."

정약용은 마음을 수양하고 학문에 정진하는 것을 '대체를 따르는' 것
이라고 하고, 고리타분하다고 멀리하는 것을 '소체를 따르는' 일이라고
했다. 그리고 대체를 따르는 방법은 경전, 즉 인문학 공부를 통해 덕을
이루는 일이라고 했다. 질문과 해답을 찾는 과정을 통해서 생각을 거듭
하고, 그 생각을 통해 사람과 세상에 대한 통찰을 얻는다. 그리고 자기
삶의 의미를 깨닫고 바른 가치관을 확립한다.

설교자들도 마음 수양을 해야 한다. 그 수양법 중 하나가 기도이고. 또
한 말씀 묵상 방법이다. 설교자가 마음을 다스리려면 기도, 말씀 묵상,
그리고 마음에 관련된 공부인 인문학의 도움을 받아야 한다.

설교자는 자기의 마음을 다스리기 위해 언제나 두 가지를 놓치면 안
된다. 하나는 성령이다. 또 다른 하나는 인문학이다. 그 이유는 둘 다 마
음을 다스리도록 도움을 주기 때문이다. 그러므로 성령 충만함만 외칠
것이 아니다. 마음을 잘 다스리는 방법을 공부하고 고민해야 한다.

4
인문학은 생각의 사람을 만들어 낸다

생각이 신앙의 출발점이다

최진석 교수는 《인간이 그리는 무늬》에서 이런 말을 한다. "인문학의 기본 출발은 '생각'이다." 그가 한 말의 전문은 이렇다.

"인문학의 기본 출발은 '생각'이다. 인문학은 출발부터 생각과 함께한다. 철학의 출발 자체가 믿음의 체계인 신화에서 벗어나면서 시작되었다. 철학 즉 인문적 사조가 시작되기 전인 신화의 시대에 인간이 하는 일은 바로 믿는 일이었다. 이 믿음을 거부하고 믿음의 대상에 고개를 쳐들고, 인간의 길을 가겠다고 하고, 인간 스스로의 힘으로 생각하기 시작할 때, 이때가 바로 철학의 시작이다. 바로 인문학의 시작이다.

르네상스 인문학도 중세의 신의 세계에서 인간이 고개를 쳐들고, 인간은 어떻게 해야 할지를 스스로 생각하고 또 생각한 결과이다.

신의 입장에서 본다면, 자신의 품을 벗어나려는 생각을 시작한 인간이라는 것들이 얼마나 버릇없어 보이겠는가? 인문학은 출발부터 버릇없는 것이었다. 인문학은 생각이다. 생각은 어떤 의미에서는 저항이다. 한번 버릇없어져 보는 거다. 한번 고개를 쳐들어 보는 거다."

그는 또 이런 말을 한다.

"생각하지 않는 공부는 공부가 아니다."

설교자는 생각해야 하는 사람이다. 성경을 묵상하려면 생각해야 한다. 설교하려면 생각해야 한다. 목회하려면 생각해야 한다. 그러므로 생각의 사람이 되어야 한다.

신앙생활을 하려면 생각해야 한다. 맹목적으로 뒤따르면 맹신으로 인해 해악을 끼치게 되기 때문이다. 청중들이 아무 생각 없이 설교를 들어서는 안 된다. 생각하면서 설교를 듣게 해야 한다. 생각 없이 설교를 듣는 사람은 얼핏 보기에는 믿음이 좋은 듯이 보인다. 그러나 알고 보면 믿음이 있다고 포장할 뿐이다.

예를 들어, 히브리서 12장 2절의 "믿음의 주요 온전케 하시는 이인 예수를 바라보자"라는 말씀에서 이유 없이 '예수를 바라보자'라고 하지 말고, 생각을 하도록 해야 한다. 여기서 예수님을 바라보라는 것은 '예수님을 생각하라'라는 것이기 때문이다. 마찬가지로 우리는 생각을 하며 신앙생활을 해야 한다.

공자도 "학이불사즉망, 사이불학즉태學而不思則罔, 思而不學則殆"라고 했다. 이 말은 '배우기만 하고 생각하지 않으면 남는 것이 없고, 생각하기만 하고 배우지 않으면 위태롭다.'라는 뜻이다. 공자는 배웠으면 생각하라고 말한다. 생각하지 않으면 남의 것이 되기 때문이다. 아무리 좋은 것도 생각으로 다져지지 않으면 내 것이 되지 않는다.

그러면 '배우기만 하고 생각하지 않는 것'과 '생각하기만 하고 배우지 않는 것' 중 무엇이 더 큰 문제인가? 배우기만 하고 생각하지 않는 것이 더 큰 문제이다. 배우기만 하고 생각하지 않기에 등장한 말이 '티처 보이teacher boy'이다. 이들은 보이는 선생이 없이는 공부하지 못하는 사람들이다. 결국 생각하지 않으면 스스로 무엇 하나 할 수 없게 된다. 그러므로 생각해야 한다. 생각하되 많이 해야 한다. 생각이 차별화된 것, 나만의 것을 만들어주기 때문이다.

생각하는 힘을 키워라

생각의 중요성을 알았다면 생각하는 힘을 키워야 한다. 생각하는 힘을 키우려면 생각의 근육을 만들어야 한다. 다산 정약용은 고난을 통해 고난에 주저앉지 않고, 많은 생각의 시간을 만들어 생각하는 힘을 키웠다.

정민은 《체수 유병집 - 글 밭의 이삭줍기》에서 "다산의 지식경영, 생각이 경쟁력이다."라고 말한다.

그의 말을 들어보자.

"사람은 생각을 잘해야 한다. 생각이 경쟁력인 시대에 우리는 살고 있다. 보다 창의적인 아이디어, 한층 합리적인 생각, 더 인간적인 마인드로 무장해야 경영의 효율성이 올라가고 조직이 살아나며 개인의 업무능력이 신장된다. 생각의 힘은 하루아침에 신장되는 법이 없다. 생각은 힘이 세다. 하지만 힘은 기르지 않으면 생기지 않는다. 힘센 생각을 하려면 먼저 생각의 힘을 길러야 한다." ·

다산이 생각하는 힘을 기를 수 있었던 것은 유배지에 있었기 때문이다. 만약 유배지가 아니었다면 영원히 생각할 시간이 없었을지도 모른다.

조윤제는《다산의 마지막 습관-기본으로 돌아간다는 것》에서 이런 이야기를 한다.

"다산 정약용은 죽음보다 힘든 유배의 삶에 '감사'했다. 다산은 고난을 공부의 기회로 삼은 것이다. '육경과 사서를 가져다 골똘히 연구했다.' 다산은 이미 학문을 배워 아는 사람이었다. 그러나 이 시기에 골똘히 생각하여 자신만의 학문을 만들어냈고, 통찰을 키워냈다. 유배라는 고난이 학업 분위기를 만들어 준 것이다. 화는 복이 되었다. 18년간의 세월을 '늙음이 이르는 것도 알지 못했다'라고 한다. 정치에 입문하기 전에는 과거시험 등으로 골똘히 생각할 겨를이 없었을 것이고, 정치에 입문해서는 여러 가지 나라의 과제들로 인해서, 그리고 먹고사는 문제까지 생각해야 하니 골똘히 생각할 시간적 여유가 없었다. 그러나 유배지에서는 이러한 제약들이 아무것도 없었다."

——————— 설교자, 왜 인문학을 공부해야 하는가?

다산은 이전에는 골똘히 생각할 수 없었다. 생각하는 힘을 키울만한 상황이 되지 않았다. 그러나 유배지에서는 골똘히 생각할 시간이 많았다. 그의 생각하는 힘을 통해 자신만의 학문을 만들어냈고 통찰을 키워냈다.

설교자도 생각해야 한다. 생각하는 힘을 키워야 한다. 생각하게 하는 인문학을 공부해야 한다. 많은 설교자가 말씀을 오랫동안 묵상하고 싶어 한다. 곧 생각하는 삶을 살고자 한다. 생각하는 삶은 생각하는 힘을 키울 때 가능하다.

설교자들은 성경의 바른 해석에 집착한다. 그러나 그것만으로는 부족하다. 결국 다름의 시대, 낯섦의 시대, 창의성의 시대에 목회하려면 생각하는 힘을 키워야 한다.

생각하는 힘은 주석 책에 없다. 성경 프로그램에 없다. 남다른 생각하는 힘은 신학과 인문학 책을 자신의 머릿속에 채우는 것에 있다. 오랫동안 신학을 공부한 설교자는 인문학을 공부해야 한다. 그러면 남다르게 생각하는 힘을 키우는 데 큰 도움이 된다.

도정일은 "중요한 일 중에서 큰일을 해야 하는데, 그 큰일은 인문학을 통해서 해야 한다"라고 말한다. 이 '큰일'을 하기 위해서는 '큰 사유'가 필요하다고 한다.

인간의 삶에서 행복한 삶은 인문적 독서를 통한 '큰 사유'에서 출발하기 때문이다. 그렇다면 생각하는 힘을 키워야 하는 설교자는 인문학의 도움을 받아야 한다.

생각이 '나다움'을 만든다

생각하고, 생각하는 힘을 키워야 하는 이유가 있다. 생각이 '나다움'을 만들기 때문이다. 내가 생각하지 않은 것은 어떤 것도 내 것이 안 된다.

어떤 작가는 하나의 생각에 몰두하면 밥도 먹지 않는다고 한다. 자신의 것으로 만들고자 하기 때문이다. 나는 생각을 많이 한다. 자신의 것으로 만들어야 하기 때문이다. 생각을 많이 하면 그 생각이 점점 확장되고 더 깊게 들어가는 것을 경험하게 된다. 생각이 넓어지면 다른 것과 연결이 이루어지고, 생각이 깊어지면 고민하던 문제를 풀 수 있다.

막스 셸러Max Scheler는 《인간과 역사》에서 다섯 가지 인간관을 이야기하는데, 그중 두 번째 인간관을 '사고하는 인간'으로 보았다. 짐승과 인간의 차이가 사고 유무이다. 인간은 사고하는 존재이므로 사고를 하지 않는 인간은 없다. 단지 그 사고가 놀라운 결과를 만들어내느냐는 사고하는 사람에게 달려 있다. 사고의 목적은 나다움을 만들어내는 것이다.

한재욱 목사는《인문학을 하나님께》에서 인문학을 이렇게 이야기한다.

> "인문학은 창의적 사고와 통찰력을 준다. 인문학을 공부하면 얻어지는 결과 중 하나가 바로 창의적 사고와 통찰력이다. '낯설게 하기', '다르게 보기'는 모든 인문학자들이 추구하는 방향성이다."

그는 인문학이 창의적 사고와 연결되어 있다고 말한다. 창의적 사고와 연결되어 있기에 낯섦과 다른 사람과의 다름을 만들어낸다.

정민은《체수 유병집 – 글밭의 이삭줍기》에서 이런 말을 한다.

"원리를 보지 않고 각론만 쳐다보면 희망이 없다. 생각하는 방법을 배워야지 생각의 결과를 배우면 재미도 없고 성취도 없다."

미국 최고의 자기 계발 전문가이며, 블로그 월 방문자 수 100만 명, 구독자 수 50만 명의 뉴스레터를 발행하는 파워 블로거인 제임스 클리어 James Clear는《아주 작은 습관의 힘》에서 이런 말을 한다.

"인생은 생각하는 만큼 바뀐다."

인생이 생각하는 만큼 바뀌므로 생각하는 사람이 되어야 한다. 그리고 생각하는 방법을 배워야 한다.

설교자들은 말씀 묵상하는 것을 즐기고, 자주 한다. 묵상을 통해 하나님을 만나고 하나님의 음성을 들을 뿐만 아니라, 생각하는 설교자가 되기 위해서다. 더 나아가 생각함을 통해 나다움을 만들어내기 위해서다.

통찰의 힘을 키워야 한다

조선일보 칼럼니스트인 정진홍은《인문의 숲에서 경영을 만나다》에서 이런 질문을 한다.

"우리는 왜 인문학에 새삼 주목하는가?"

그는 '통찰의 힘'을 키우기 위해서라고 말한다. 생각해야 하는 이유는,

어떤 것을 볼 때 그 안을 들여다볼 수 있는 통찰의 힘을 키워야 하기 때문이다. 여기서 말하는 통찰은 '통찰洞察'*이면서 동시에 '통찰通察'**이다.

중간계 캠퍼스 대표인 신병철 박사는 "통찰이란 이미 있는 그 무엇을 지금까지와는 다른 관점으로 보고 생각함으로써 표면 아래 숨어 있는 진실을 밝혀내는 것"이라 정의하고 있다. 그는 이어서 뛰어난 통찰을 얻기 위해서는 우선 문제를 구체적으로 적용해야 하며, 이를 해결하고자 하는 정확한 의도를 갖고 기존 지식을 재조직화해야 한다고 주장한다.

> "통찰력은 더이상 빠져나갈 구멍이 없다고 생각한 뇌가 이전과 다른 방법으로 탈출구를 찾을 때 갑자기 비상하는 판단력이다. 그래서 주어진 문제를 재정의하고, 이를 해결하고야 말겠다는 불굴의 의지와 불타는 욕망이 점화되어, 기존의 지식을 총동원해서 문제 해결을 도모할 때 비로소 발현되는 능력이다."

즉 통찰洞察은 예리한 관찰력으로 사물을 꿰뚫어 봄으로 깊숙한 곳을 볼 수 있는 인사이트insight이다. 아울러 통찰通察은 곧 통람通覽이다. 처음부터 끝까지 모두 훑어, 두루 살펴보는 것이다. 오버 뷰overview다. 결국 통찰의 힘은 바로 통찰과 통람의 융합이며 인사이트와 오버 뷰의 시너지다.

한양대학교 교육공학과 교수인 유영만은 《생각사전》에서 직관과 통찰을 구분한다.

---

* 예리한 관찰력으로 사물을 꿰뚫어 봄
** 책이나 글을 처음부터 끝까지 모두 훑어봄

"통찰은 직관과 어떤 점이 다를까? 직관과 통찰은 모드 안에서 일어나는 정신작용이다. 직관력이 기존 지식으로 알 수 없는 경계 너머의 사유가 갑자기 발현될 때 나타나는 능력이라면, 통찰력은 이전과 다른 관점에서 보이지 않는 현상의 이면을 들여다볼 때 생기는 창의력이다. 직관은 기존의 축적보다 다양한 체험적 노하우를 근간으로 직감적으로 판단하는 능력이다. 반면에 통찰은 어떤 현상을 유심히 관찰하면서 차츰 그 현상에 관해서 많은 것을 깨달은 다음 이전과 다른 방법으로 결론을 도출할 수 있는 능력이다. 따라서 직관력은 이전에 해보지 못했던 색다른 경험을 통해서만 얻을 수 있는 반면, 통찰력은 지금까지와는 다른 관점과 훈련을 통해서 생긴다."

그는 통찰은 다른 관점과 훈련을 통해서 생긴다고 말한다. 그러므로 통찰이 생길 때까지 생각하는 힘을 키워야 한다.

생각은 생각으로 그칠 수 있다. 생각으로 그치지 않도록 하기 위해서는 통찰까지 가야 한다. 통찰을 통해 깊숙이 생각해야 한다. 생각을 깊숙이 할 때 이전에 보지 못하던 것들이 보인다. 이전에 보이지 않던 것들이 보임으로 순간적으로 놀라운 깨달음의 순간을 맞는다.

5

인문학은 '여전함'에서 '역전함'으로 방향을 틀어준다

구습에서 탈피하라

'구습'이란 예전부터 내려오는 낡은 풍습을 말한다. 그래서 성경은 새 포도주는 새 부대에 담으라고 한다.

> 새 포도주를 낡은 가죽 부대에 넣는 자가 없나니 만일 그렇게 하면 새 포도주가 부대를 터뜨려 포도주와 부대를 버리게 되리라 오직 새 포도주는 새 부대에 넣느니라 하시니라 _막 2:22

이유를 불문하고 새 포도주는 새 부대에 담아야 한다. 힘들게 살아온 사람들, 지금 힘든 삶을 살아가고 있는 사람들은 역전의 삶을 꿈꾼다. 역전의 삶을 살려면 먼저 할 것이 삶의 구습을 벗어버려야 한다. 역전의 삶을 살게 하는 데 방해가 되는 구습을 속히 벗어버려야 한다.

설교자들에게 구습이 있다. 자기 설교가 아니라 남의 설교로 설교하는 것이다. 이는 아직도 설교자들이 구습을 벗어버리지 못한 것을 뜻한다.

율곡 이이가 말하는 구습

율곡 이이는《격몽요결》에서 여섯 가지 구습을 이야기한다.

첫째, 오로지 쉬고 놀 생각만 하고, 원칙과 규칙에 구속당하기 싫어하는 못된 습관.

둘째, 항상 밖에 나갈 생각만 하고, 조용히 일에 집중하지 못하고 분주하게 드나들고 수다 떠는 것으로 하루를 보내는 습관.

셋째, 자기와 생각이 같은 사람만 좋아하고, 나와 다른 생각을 가진 사람은 미워하는 습관.

넷째, 쓸모없는 문서 만들기에만 매달리고, 춤추고 마시는 데만 생각이 있고, 풍류를 즐기며 세상을 산다고 하여 청아한 일탈을 즐기는 습관.

다섯째, 한가한 사람 불러 모으기 좋아하고, 바둑과 장기에 빠져 헤어 나올 줄 모르고, 종일 맛있는 것만 쫓아다니며 배불리 먹다가, 오로지 돈만 가지고 너 잘났네. 나 잘났네 하며 경쟁하는 습관.

여섯째, 남이 부자 되고 승진하는 것만 부러워하며, 자신의 처지를 늘 비관하고, 자신의 입는 것, 먹는 것이 남만 못하다고 심히 부끄러워하며 한탄만 하는 습관.

이이는 이런 못된 구습을 혁파하고 잘라버려야 새로운 나를 만들 수 있다고 말한다. 그러면서 이렇게 말한다.

"일도결단근주—刀決斷根株라!"

구습을 한칼에 결단하여 뿌리까지 뽑아야 한다는 뜻이다. 이이는 조선 사람들에게 구습을 벗어버리라고 강력하게 권면했다. 그 이유는 구습을 벗어버려야 발전하는 삶을 살 수 있기 때문이다. 개개인의 마음을 더럽게 하는 구습의 습관이 있다면 여전한 삶을 살게 된다. 그 오로지 쉬고 놀 생각만 하는 여전한 삶을 사는 사람에게는 희망을 기대할 수 없다.

당신은 전문가 바보는 아닌가?

발전을 가로막는 것이 삶의 한 부분을 차지하고 있다면 자신이 '전문가 바보'Fachidiot는 아닌지 질문해야 한다. 설교자는 설교 전문가이다. 설교 전문가이기 때문에 신학과 관련된 일만 한다. 이처럼 자신이 전공한 신학과 관련된 일이나 공부만 하다 보면 나타나는 현상이 있는데, 바로 '전문가 바보'Fachidiot이다. '전문가 바보'는 자신의 전공 외에는 다른 학문은 전혀 모르는 사람을 일컫는다.

한 분야를 오래 공부한 사람들은, 자신은 인정하지 않지만, 전문가 바보에 가깝다. 그 이유는 언제나 같은 말을 반복하기 때문이다. 설교의 본문이 다르고, 시대가 다르고, 등장인물이 다른 데도 늘 같은 말로 들린다. 이는 그가 전문가 바보가 되어 어휘와 생각이 정체되거나 퇴보했다는 것을 말해준다.

박민영은 《인문 내공》에서 이것이 학문의 전문화 때문이라고 말한다. 전문화 과정이 급진전할수록 시야는 더욱 좁아진다는 것이다. 시야가 좁아지면 거기서 그치지 않고 사회적 재앙들이 발생한다고 한다. 그는 전문가들이 사회적으로 득세할수록 편협하고 단기적인 전망이 사회적으로 정당성을 얻게 되고, 이성적인 지도력은 약화된다고 한다. 이를 타개하려면 전공 영역들을 서로 이해할 수 있게 만드는 '초인문학'supra-humanities이 필요하다고 말한다.

앞에서 김형석 교수는 종교인이 폐쇄적이고 고착화된 사고방식으로 무장되었다고 했다. 그 결과 종교가 희망을 주지 못하고 도리어 희망을 빼앗아간다고 했다. 그는 정적인 사회를 만들어간다면 차라리 종교가 없는 것만 못하다고 말한다. 이는 설교자가 '전문가 바보'가 되어 있기 때문이다.

그의 말이 하나도 틀린 말이 아니라고 생각한다. 생각의 폭이 좁은 종교 전문가들이 많아지니 폭력, 이기주의, 교권주의, 자기들만의 삶의 방식 추구, 자기 교리만의 정당성 주장, 생각이 다른 사람들을 적대시하는 일들이 발생한다. 설교자는 '전문가 바보'가 되지 않기 위해 하루속히 구습을 버려야 한다.

'독선'에서 탈피하라

구습에서 탈피하지 못하면 뒤이어 발생하는 것이 있다. '독선'이다. 앞에서 언급된 이기주의, 교권주의, 자기들만의 삶의 방식 추구, 자기 교리만의 정당성 주장, 나와 생각이 다른 사람들을 적대하는 것은 독선이 된 것이다. 이 독선은 결국 사회의 암적인 존재가 된다.

한국금융신문 대표이사인 김봉국은 《승자의 안목》에서 독선적인 리더의 특징 10가지를 이야기한다. 태평양전쟁 미군 최고사령관인 더글러스 맥아더Douglas MacArthur 장군과 중국의 항우가 이런 리더라고 한다.

독선형 리더의 10가지 특징은, 약속을 잘 안 지킨다, 변덕이 심하다, 핏대를 자주 세운다, 의심이 많다, 보상에 인색하다, 인격을 무시한다, 잔소리가 심하다, 지휘 계통을 안 지킨다, 윤리의식이 약하다, 들으려 하지 않는다 등등이다.

우리가 생각을 많이 해야 하는 이유는 독선에 빠지지 않기 위해서다. 홍자성의 《채근담》에서 독선은 마음을 해친다고 말한다.

> "자신만이 옳다고 생각하는 독선이야말로 마음을 해치는 도적이다."

독선은 마음을 해치는 도적이 된다. 자기 마음만 아니라 다른 사람의 마음까지 해친다. 독선으로 인해 애플의 창업주인 스티브 잡스Steve Jobs는 워즈니악을 비롯한 많은 친구들과 사이가 벌어졌다.

우리가 고민할 것이 있다. 시야가 좁아지면 독선에 빠지게 된다는 것이다. 특히 종교는 독선에 빠지면 안 된다. 독선에 빠진 종교는 사회의 혐오 대상이 될 뿐이다.

신학을 한 설교자는 생각과 시야가 좁아지면 독선에 빠지기 쉽다. 독선에 빠지지 않기 위해 다양한 것이 담겨 있는 인문학을 공부해야 한다.

인문학을 공부함으로써 자기 생각과 반대되는 것들과의 충돌을 통해 독선을 없애야 한다.

설교자가 인문학과 부딪힘이 없으면 잘못된 것도 다 하나님의 은혜로 덮으려고만 한다. 설교자가 은혜만 추구하면 사고의 정체나 퇴보는 불을 보듯 뻔하다. 그러므로 독선에서 탈피하기 위해서라도 인문학 공부를 해야 한다.

인문학과의 충돌로 화가 치미는 과정이 필수적이다

누구든 부딪힘이 있으면 기분이 썩 좋지 않다. 때론 화가 치밀 수 있다. 나는 인문학을 공부할 때 화가 많이 치밀어 올랐다. 나의 지식으로 받아들일 수 없는 것들이 아주 많았기 때문이다. 특히 "신이 없다."고 하는 리처드 도킨스Clinton Richard Dawkins 같은 부류의 사람들이 쓴 책을 읽을 때는 더욱 그러했다. 화가 머리끝까지 치솟았다.

나는 이럴 때 화가 치밀어 올라왔다.

첫째, 인문학을 꼭 해야 한다는 확신이 들 때다.

둘째, 인문학 책은 재미있게 쓰였는데, 신학 책은 재미가 없게 쓰였을 때다. 또한 신학 책이 가독성이 확 떨어질 때다.

인문학 책은 재미있다. 그리고 가독성이 좋다. 그러나 신학 책은 재미가 없다. 가독성이 떨어져도 너무 떨어진다.

셋째, 교인보다 설교자가 더 못하다는 말을 들을 때다.

교회 리더는 세상 리더보다 더 나아야 한다. 하지만 교회 리더는 더 낫지 못하다. 주변에 보면 교인들이 인문학 책을 비롯하여 책을 많이 읽는다. 그런데 설교자는 책과 담을 쌓고 있는 경우를 많이 본다. 심지어는 교인보다 생각의 깊이와 넓이가 좁고, 닫혀 있기까지 하다.

넷째, 창의성의 시대에 창의성 있게 살아가고 있지 않다고 느낄 때다.

로고스 바이블 소프트웨어가 설교자들 사이에 인기가 높다. 유튜브를 시청하는 설교자가 아주 많다. 게다가 스마트폰 보급의 영향으로 생각하는 시간이 줄어들고 있다. 이는 창의성의 시대를 역행하는 일이라고 생각한다.

창의성의 시대에는 시대의 흐름과 거꾸로 살아야 한다. 그러려면 설교 준비를 힘들게 해야 한다. 프로그램의 도움을 받기보다는 많은 생각으로 끙끙거리며 설교 준비를 해야 한다. 유튜브보다는 종이 책을 많이 읽어야 한다.

세상이 생각하지 않는 분위기로 가고 있다. 그럴지라도 설교자는 생각을 많이 해야 한다. 생각을 많이 한 사람이 결국 세상의 주인공이 되기 때문이다.

전에는 운전할 때 머리를 써서 길을 찾아갔다. 지금은 '내비 양'의 말만 듣고 간다. 전에는 이름과 전화번호를 몇백 개씩 암기했다. 지금은 스마트폰에 저장해 둔 번호를 눌러서 전화한다. 생각할 기회가 차단되고 있다.

지금은 창의성의 시대이자 융합의 시대다. 생각을 많이 해야 한다는 말이다. 창의성이 발현되도록 이질적인 것들도 많이 알아야 한다. 그러므로 설교자는 인문학을 공부함으로, 많은 부딪힘으로 화가 치미는 기회를 많이 얻어야 한다.

설교자, 왜 인문학을 공부해야 하는가?

생각하면 얻지만, 생각이 없으면 얻지 못한다

생각이 중요하다. 생각은 힘이 세다. 그러므로 생각해야 한다. 생각하면 얻지만, 생각이 없으면 얻지 못한다는 맹자의 말을 새겨들어야 한다.

하나님께서도 들린 대로 행한다고 하신다. 사람이 어떤 생각을 말로 하면, 하나님 귀에 들린 대로 행한다고 하신 것이다.

그들에게 이르기를 여호와의 말씀에 내 삶을 두고 맹세하노라 너희 말이 내 귀에 들린 대로 내가 너희에게 행하리니 _민 14:28

세상은 생각한 대로 얻게 된다. 생각하면 뭔가를 얻게 된다. 그러므로 할 수만 있다면 생각의 삶을 살아야 한다.

《맹자》의 〈고자장구 上〉에 이런 이야기가 나온다.

공도자가 물었다.

"모두 같은 사람인데 왜 누구는 대인이 되고, 누구는 소인이 됩니까?"

맹자가 답했다.

"큰 것을 따르면 대인이 되고, 작은 것을 따르면 소인이 된다. 귀와 눈과 같은 기관은 생각을 할 줄 모르니 사물에 가리어진다. 하지만 마음은 생각을 한다. 생각을 하면 얻지만, 생각이 없으면 얻지 못한다. 이것들은 하늘이 우리에게 부여해준 것이다."

맹자는 '생각하면 얻지만, 생각이 없으면 얻지 못한다'고 말했다. 유대인의 지혜서인 《탈무드》에 생각에 대한 이런 말이 있다.

"책을 읽기만 하고 생각하지 않으면 당나귀가 책을 잔뜩 짊어지고 가는 것과 다를 바 없다."

이 말은 성찰 없는 지식의 축적을 신랄하게 비판하고 있다. 생각하지 않는 시대에 설교자까지 생각 없이 살아가서는 안 된다. 생각하며 살아야 한다.

설교자는 부딪힘이 있으면 저절로 생각하게 된다. 설교자는 인문학을 공부하면 생각하게 된다. 화가 치밀어 오르기 때문이다. 화가 치밀어오르면 대안을 찾기 위해 머리를 싸매고 생각한다. 그 결과 더 많은 생각의 삶을 살아가야 한다. 그럴 때 생각을 통해 고민하지 않았던 것도 얻게 된다.

6

인문학은 인생 문장을 만들게 한다

나만의 '인생 문장'이 있는가?

내가 좋아하는 성경 구절이 있다.

"나의 힘이신 여호와여 내가 주를 사랑하나이다" 시 18:1

고등학교 때부터 마음속에 품고 있는 말이 있다.

"심는 대로 거둔다."

글을 쓰면서 마음속에 담고 살아가는 말이 있다.

"둔필승총鈍筆勝聰"

'둔한 기록이 총명한 머리보다 낫다.'라는 뜻으로, 다산 정약용이 한 말이다.

나는 글쓰기를 하면서 점점 더 글쓰기의 중요성을 알아가고 있다. 그리고 사람들에게 글쓰기를 하라고 권한다. 특히 설교자에게 글쓰기를 배우는 것이 필수라고 말한다. 그 이유는 글을 쓸 때 자기만의 인생 문장을 만들 수 있기 때문이다.

인문학자 안상헌은 《인문학 공부법 – 통찰력을 길러주는》에서 인문학을 공부하는 목적을 한 마디로 이렇게 표현한다.

"새로운 삶을 위한 문장을 얻는 것!"

인문학 공부는 삶을 위한 문장을 얻게 한다. 인문학을 공부한다고 사람이 금방 바뀌지는 않는다. 설교가 금세 좋아지는 것도 아니다. 하지만 멀리 보면 인문학의 영향력은 매우 크다. 그중 하나가 남다른 자기만의 문장을 만들어내는 것이다.

설교자는 자기만의 문장을 만들어낼 수 있어야 한다. 그럴 때 청중들을 설교로, 목회로 끌고 갈 수 있다. 더 나아가 자신의 삶에서 깨우친 문장을 만들어 삶의 지침으로 삼고 살아갈 수 있다. 그 문장이 자신을 발전시킴은 물론, 자신을 변화시키는 원동력이 되도록 해준다.

신학을 한 설교자가 인문학까지 하면 융합을 통해 남과 다른 것을 만들어 낼 수 있는 능력이 생긴다. 종국에는 자신만의 문장을 만들어내게 된다. 그 문장은 자기의 마음을 사로잡는 것은 물론, 다른 사람들에게 큰

영향을 미친다. 더 나아가 자신이 만든 문장으로 인해 자기 삶을 멋지게
하고, 삶의 맛을 내며 살아갈 수 있게 된다.

인문학 공부가 인생 문장을 만들게 한다

설교자는 인생 문장이 있어야 한다. 그러려면 자신이 인생 문장을 만
들 수 있어야 한다. 청중들에게 예수님을 닮게 하려면 설교자가 만든 인
생 문장으로 목회해야 한다.

안상헌은 "공부는 문장을 얻는 것이다."라고 말한다.

이정일 목사는 문학이 주는 세 가지 선물 중 하나가 '삶을 일깨우는 문
장'이라고 말한다. 그는 문학이란 우리가 무엇을 놓치고 사는지 일깨워
준다고 하면서, 칠레의 시인 파블로 네루다가 시집 《질문의 책》에서 이
렇게 묻는다고 한다.

> "나였던 그 아이는 어디 있을까? 아직 내 속에 있을까, 아니면 사
> 라졌을까?"

그는 이런 문장 하나가 삶을 일깨운다고 말한다. 인문학 공부는 문장
을 만들어내게 도와준다. 나는 인문학을 공부한 결과 다음과 같은 인생
문장들을 만들었다.

> "집중, 반복, 지속"
> "당장 탁월할 수는 없어도 당장 성실할 수는 있다."

"내가 울면 청중이 웃고, 내가 웃으면 청중이 운다."

"답이 나올 때까지 공부하라."

"매년 눈에 뜨이게 성장하라."

"설교는 신학도 아니고 설교학도 아니고 삶이다."

"설교는 하나님의 마음과 청중의 마음과의 연결이다."

"글쓰기는 마음 쓰기다."

"설교자는 작가다."

등등이다.

여기서 그치지 않는다. 인문학 공부는 자신의 인생을 평생 끌고 갈 문장까지 만들어내도록 해준다.

"평생 공부하는 설교자가 되자."

"죽을 때까지 일하다가 죽자."

등이 그것이다.

마지막으로, 인문학은 인생까지 바꾸어주었다. 아트설교연구원의 한 회원은 나를 만날 때마다, 한마디를 말해 달라고 한다. 나의 인생 문장 중에서 하나씩을 듣고 싶다고 한다. 그 인생 문장을 자신의 마음에도 새기고 싶기 때문이다.

그때마다 말해주는 것은 "집중, 반복, 지속"이다. 몇 년 공부하다가 포기하지 말고, 답이 나올 때까지 지속해서 공부하라고 말한다. 회원 대부분이 중도하차를 한다. 나는 중도하차 하지 않고 지속해서 하고 있다.

하나님의 말씀이 인생을 이끈다. 하나님의 말씀도 각자에게 인생 문장이 있을 때 나를 이끌어간다. 마찬가지로 인문학 공부를 해도 인생 문장을 만들 수 있다. 그 인생 문장이 인생을 살아가는 데 큰 힘이 된다.

자기만의 문장이 있으면 그 문장이 자신의 삶을 만들어준다. 사람이란 문장에 사로잡히는 존재이기 때문이다. 사람은 자신이 만든 문장에 가장 마음이 간다. 그 결과 자신이 만든 문장에 사로잡히는 순간 그 사람의 삶이 바뀐다. 그러므로 인문학의 도움을 받아 인생 문장을 만들어야 한다.

인생 문장이 남다른 일상을 살게 한다

설교자들은 청중에게 하나님의 사람으로 살도록 성경을 암송시킨다. 하나님의 말씀을 붙들면 신앙이 흔들리지 않음을 알기 때문이다. 더 나아가 하나님과 동행하는 삶을 살게 된다. 나 또한 청년 시절에 생사의 갈림길에서 하나님의 말씀을 붙들었다.

내게 능력 주시는 자 안에서 내가 모든 것을 할 수 있느니라 _빌 4:13

이 말씀으로 인해 죽음이 아니라 삶의 길을 선택할 수 있었다. 생과 사의 고비에서 삶으로 전환해준 성경 말씀 덕분에 신학을 시작한 이후, 20년 동안 인생을 지탱해준 문장은 오로지 성경뿐이었다.

인문학을 공부하면서 성경 외에 나만의 문장을 만들고자 했다. 그리고 그런 문장을 많이 만들었다.

이정일 목사는 《문학은 어떻게 신앙을 더 깊게 만드는가 - 시와 소설과 그리스도인》에서 이렇게 말한다.

> "하나님께서는 우리에게 성경과 일상이라는 두 개의 텍스트를 주셨는데, 우리는 일상이라는 텍스트를 잃어버린 것 같다. 문학은 바로 이 일상이란 텍스트를 읽는 연습이다."

인문학은 일상을 읽도록 해준다. 청중이 일상의 연습을 통해 일상에서 말씀을 잘 읽도록 도와준다. 그리고 일상을 살아가는 데 힘이 되는 문장을 만들도록 도와준다.

설교자는 하나님을 읽기 위해 성경을 읽는다. 동시에 설교자는 일상을 읽기 위해서 삶의 한 조각, 한 조각을 읽어야 한다. 더 나아가 일상을 통해 하나님의 말씀을 풀어내야 한다.

설교자는 인문학을 공부해야 한다. 그러면 일상을 남다르게 살게 된다. 그러면 하나님께서 주신 문장과 자신이 만든 문장으로 살아갈 힘이 만들어진다.

설교자는 더 나아가 일상에서 만들어진 문장을 청중들에게 전해주어야 한다. 그 문장에 설교자와 청중이 사로잡혀 일상을 살아가도록 하며, 그 문장에서 힘을 얻게 해야 한다.

설교자는 하나님의 말씀을 내 것으로 만들어 삶을 살아가야 한다. 그 다음으로, 자기가 만든 문장으로 삶을 살아가야 한다. 그러기 위해 일상에서 인문학 텍스트와 친숙해야 한다.

Chapter 4.
인문학이 설교자의 답이다

chapter

04

인문학이 설교자의 답이다

1. 인문학은 깊은 내공의 사람으로 만들어준다

2. 인문학은 소통의 설교자로 거듭나게 한다

3. 인문학은 질문의 사람으로 만들어준다

4. 인문학은 청중의 눈높이에 맞추는 사람이 되게 한다

5. 인문학은 설교자의 삶과 설교, 그리고 미래에 답이 된다

1
인문학은 깊은 내공의 사람으로 만들어준다

인문학은 세상에 마음을 열게 한다

설교자가 세상에 먼저 다가갈 것인가? 세상이 먼저 다가오게 할 것인가? 설교자가 먼저 다가가야 한다. 설교자가 먼저 다가가려면 세상에 대해 열려 있어야 한다. 설교자가 먼저 세상에 대해 열려 있어야 세상 사람들에게 하나님께 마음을 열라고 말할 수 있다.

우리는 세상에 대해 마음을 닫고 있다. 인문학을 받아들이려 하지 않는 것은 세상에 대해 마음을 닫은 것이다. 결국 교회와 세상이 서로에 대해 마음을 닫고 있다.

세상이 교회에 대해 마음을 닫고 있으면 손해 보는 것은 교회다. 복음의 문이 닫히기 때문이다. 그러므로 교회가 먼저 세상을 향해 마음을 열어야 한다. 이는 하나님의 가르침이다. 하나님께서는 세상에 먼저 마음을 여셨다.

교회가 세상에 대해 마음을 열려면 세상을 이해하고, 세상의 액션을 받아들일 준비가 되어 있어야 한다. 설교자가 세상에 대해 마음을 연다는 표시 중 하나가 인문학에 관심을 두는 것이다. 인문학이 세상을 대변하는 학문이기 때문이다. 교회가 세상을 향해 먼저 마음을 열어야 한다. 그러면 세상이 교회에 마음을 열기 시작한다.

많은 설교자가 인문학을 '사탄의 학문'이라 한다. 세상을 '마귀의 자식들'이라고 한다. 인문학을 '인본주의'라고 과격하게 몰아세운다. 교회는 이런 말을 해서는 안 된다. 적어도 세상을 품고 이해하려 해야 한다. 그러기 위해 인문학을 해야 한다.

인문학은 교회가 세상에 마음을 열도록 도와준다. 그러므로 교회는 인문학에 마음을 열어야 한다. 마음을 열 때 서로 상생하는 방법을 알게 되고, 교회의 역할인 세상을 정복할 수 있는 길을 찾아갈 수 있다.

세상과 소통하기 위해 지력을 키워야 한다

설교자가 인문학에 마음을 여는 것만으로는 부족하다. 인문학의 내공을 쌓아야 한다. 더 나아가 인문학을 통해 세상과 능숙하게 커뮤니케이션할 수 있어야 한다.

신기수 등이 공저한《이젠, 함께 읽기다》에서는 인문학을 이렇게 이야기한다.

> "인문학은 흔히 문학, 역사, 철학을 일컫는다. 문학은 나와 너 그리고 우리, 즉 사람을 이해할 수 있게 해주고, 역사는 과거를 통해 현재를 바로 보고 미래를 보여주는 거울의 역할을 한다. 그리고 철학

은 자신의 세계관을 새롭게 정립하게 해준다. 의외로 많은 사람이 자신만의 철학이 없거나, 비뚤어진 세계관을 가지고 있다. 또한 커뮤니케이션 능력을 키워야 한다. 주입식 교육의 폐해 때문에 글과 말을 제대로 활용할 줄 아는 사람이 드물다. 기본적인 의사소통에 어려움을 겪는 사람들도 많다. 세련되게 말을 하고 글을 쓰는 능력이 아니라 기본적인 의사 표현 능력이 부족하다는 것이다."

설교자가 인문학을 배척한 결과 그 후유증이 크다. 가장 큰 것이 소통의 문제다. 교회가 세상과 소통이 안 된 결과 코로나19로 한국교회가 혐오의 대상이 되었다. 교회가 혐오의 대상이 된 것은 교회에 문제가 있어서가 아니라 소통에 문제가 있어서다.

설교자는 커뮤니케이터, 곧 전달자이다. 전달하려면 전달 도구가 필요하다. 이 소통의 전달 도구가 인문학이다. 그러므로 설교자는 인문학을 공부해야 한다. 인문학을 통해 세상과의 커뮤니케이션 능력을 키워야 한다.

카피라이터 박웅현은《인문학으로 광고하다》에서 이런 말을 한다.

"광고가 소비자들의 기억 속에 살아남기 위해서는 사람들과 소통해야 한다. 그리고 선동이 아닌 진정성을 지닌 광고가 시대를 아우를 수 있다. 공감이란 진정성과 통한다."

광고도 소통이 중요하다. 설교는 더욱더 소통이 중요하다. 설교자가 인문학을 배척하면 소통의 통로는 막힐 수밖에 없다.

인문학을 배척하게 된 이유 중에는 지력이 부족한 것도 한몫했다고 생각한다. 설교자의 지력이 어떤 것도 담아낼 수 있을 만큼 크다면 인문학을 담아내는 데 어려움이 없다고 생각한다. 인문학을 담아내지 못하는 이유는 나의 지력의 문제가 아닌지 점검해 봐야 한다. 경험을 통해 나는 설교자들에게 지력을 키우라고 말하곤 한다.

지력이 커지면 마음이 커진다. 마음이 커지면 어떤 것도 다 담아낼 수 있다. 하나님은 마음이 크시니 죄인에게도 의인이 될 수 있는 통로를 만드셨다. 하지만 마음이 크지 않은 제자들은 이방인 전도를 주저했다.

지력이 커야 한다. 지적 내공이 쌓이면 인문학을 품어내기가 그리 힘들지 않다. 설교자가 인문학까지 품어내는 내공이 쌓이면 설교는 저절로 해결된다고 생각한다. 목회의 중요 요소인 소그룹 인도나 제자훈련 등도 풍성한 열매를 맺게 된다. 그러므로 설교자는 인문학을 품어서 막힘 없이 설교와 목회를 할 수 있는 내공을 쌓아야 한다.

인문학은 청중의 마음을 아는 고수가 되게 한다

우리가 예수님에게서 무엇을 발견하는가? 천박함이 아니라 깊은 내공을 발견한다. 예수님은 인문학자이기 때문이다. 설교자가 자기와 다른 것을 배척하고자 하는 것은 그 안에 깊은 내공이 없기 때문이다. 즉 인문학적 사유 능력이 없으면 보이는 현상만 좇는, 내공 없는 사람이 된다.

예수님은 어떤가? 예수님에게서는 누구나 존경하고 우러러보게 만드는 깊은 내공이 발견된다. 예수님 안에는 누구도 범접할 수 없는 영성,

지성, 품격이라는 깊은 내공이 있기 때문이다.

박민영은 깊은 내공을 설명하기 위해 옷 만드는 바느질을 했던 어머니 이야기를 한다.

"하수는 옷을 손님의 몸에 맞춘다."

몸 치수를 잘 재어서 옷이 몸에 잘 맞도록 한다는 말이다.

"중수는 옷을 몸에 잘 맞게 하고, 유행에도 맞춘다."

단지 옷을 몸에만 맞추는 것이 아니라, 유행도 고려해서 촌스럽지 않게 만든다는 말이다.

"고수는 손님의 '마음'에 맞춘다."

손님이 가게에 들어오면 그의 말투와 자세를 본다. 그로써 직업과 성격, 선호하는 옷 스타일 등을 직감한다. 그리고 대화를 통해 그의 욕구를 자세히 가늠한 후, 그에 맞춰 옷을 만든다. 몸만이 아니라 손님의 마음을 읽고, 거기에 옷을 맞추는 것이 고수다.

옷을 손님의 마음에 맞추는 것은 깊은 내공이 없으면 할 수 없는 일이다. 손님은 제품의 질보다도 마음을 어루만져주는 것을 더 원한다는 것을 알아야 하기 때문이다. 마음에 맞추는 것은 손님의 마음을 꿰뚫어 볼 수 있는 깊은 내공으로 남다른 사유를 할 수 있을 때 가능하다.

설교자는 고수여야 한다. 어떤 사람이 옥한흠 목사도 고수가 아니라 중수라고 말하는 것을 들었다. 사람의 토양을 갈고 닦아 주지 않고, 그저 사람을 세우기만 했기 때문이라는 것이다. 이는 내공이 조금 부족함을 뜻한다는 것이다.

설교자는 내공이 깊은 사람이 되어야 한다. 내공의 사람이 되려면 신학은 물론 인문학까지 담아내는 고수가 되어야 한다. 그럴 때 땅을 기경할 수 있는, 곧 마음을 어루만져주는 사람이 될 수 있다.

설교자가 신학적인 것만 아는 것은 설교에 있어서 하수와 중수에 그친다고 할 수 있다. 신학만 한 설교자는 하나님의 뜻에만 집중한다. 하지만 청중의 마음도 살피려면 인문학적 통찰 능력을 갖춰야 한다. 그래야 비로소 하나님의 뜻과 청중의 마음까지 맞출 수 있는 깊은 내공의 고수가 될 수 있다. 그러면 세상 어떤 것도 담아내지 못할 것이 없다. 이런 설교자를 하나님께서 원하신다.

설교자는 신학자인 동시에 인문학자가 되어야 한다

예수님은 인문학자이다. 바울도 인문학자이다. 칼뱅도 인문학자이다. 그러므로 설교자는 인문학자가 되어야 한다.

한국교회가 세상에 보이지 않아야 할 모습을 자주 보여주고 있다. 설교자들은 말할 것이다. 신학을 잘 모르기 때문에 생긴 문제라고 말이다. 나는 그렇게 생각하지 않는다. 인문학에 대한 소양 부족 때문이라고 생각한다. 인간을 이해하려 하지 않으니 국가의 말, 사람의 말을 무시해서 드러난 결과다.

설교자 중에는 인문학이 재미가 없다는 이들도 있다. 성경을 좋아하는 설교자가 인문학을 좋아할 리 만무하다. 신학을 한 나도 인문학 책을 처음 읽을 때 재미가 하나도 없었다. 인문학 책을 읽을 때마다 마치 소가 도살장에 끌려가는 기분이었다.

인문학이 재미없다고 말하는 설교자는 반드시 인문학을 해야 한다. 세상은 인문학이 희망이라고까지 이야기한다. 특히 코로나19 이후 세상은 더욱더 인문학에 관심을 보인다. 인문학이 세상과 인간 이해에 디딤돌이 되어줄 것이라 믿기 때문이다. 어려울수록 실용적인 학문이 아니라 정신을 두드리는 인문학을 해야 한다.

코로나19로 교회가 어렵다. 더 나아가 한국교회가 혐오의 대상으로 전락했다. 그 이유는 인문학적 소양이 부족했기 때문이다. 그렇다면 이제부터라도 인문학에 관심을 가져야 한다.

한국교회의 신앙교육은 교회 안에서의 신앙교육에 그쳤을 뿐, 삶을 위한 교육은 매우 부족했다. 설교자가 신학을 했다면 반드시 인문학자가 되어야 한다. 청중의 신앙교육뿐 아니라 삶의 교육도 해야 하기 때문이다.

교회 지도자인 동시에 세상 지도자인 설교자는 신앙과 삶에 균형이 잡혀 있어야 한다. 균형 잡힌 설교자가 되려면 신학자에 그치지 않고 인문학자가 되어야 한다.

나는 신학을 시작한 후로 인간미가 많이 사라졌음을 고백하지 않을 수 없다. 하나님만 찬양하다 보니 자연스럽게 인간의 가치를 무시하곤

했다. 그러나 인문학을 공부하면서부터 달라졌다. 아내는 내가 인문학을 공부한 후 인간미가 많이 좋아졌다고 말해주었다.

설교자는 교회 지도자로서 자격을 갖춰야 한다. 또한, 설교자는 세상 지도자로서 자격을 갖춰야 한다. 신학 전문가가 되어서 교회 지도자의 자격은 갖추었다. 이제는 인문학으로 세상 지도자의 자격을 갖춰야 한다. 그러므로 설교자는 신학은 물론 인문학 전문가가 되어야 한다.

인문학은 세상을 잇는 다리 역할을 한다

설교자가 인문학을 해야 하는 가장 중요한 이유는 세상을 잇는 다리 역할이 필요하기 때문이다. 철학자 김용규는 시대마다 하나님과 이 세상을 잇는 건실한 교량이 되려면 인문학을 품어야 한다고 말한다. 세상을 잇는 다리와 사람에게 다가가는 다리가 인문학이기 때이다.

사람들은 작금의 세상이 아이폰 전과 후로 나뉜다고 말한다. 애플의 창업자 스티브 잡스Steve Jobs는 아이폰을 만들면서 기계를 만들려 하지 않았다. 인간의 마음을 사로잡는 예술품을 만들려고 했다. 그동안 다른 회사들은 제품을 만들어 찍어냈다. 그러나 잡스는 작품을 만들었다. 작품을 만들어내자 사람들이 열광했다. 그래서 젊은이들이 '제품'인 삼성 갤럭시보다는 '작품'인 아이폰을 선호하는 것이 아닌가 하는 생각이 든다.

잡스가 아이폰을 만드는 데 인문학이라는 다리가 있었다. 만약 그에게 인간의 마음을 사로잡는 인문학 다리가 없었다면 아이폰을 만들 수 없었을 것이다. 설교자도 들리는 설교를 해야 한다. 예수님의 설교가 아주 잘 들렸던 이유는 인문학으로 설교하셨기 때문이다. 설교자가 인문학을 해야 하는 이유는, 인문학이 들리는 설교의 다리 역할을 하기 때문이다. 설교는 그저 성경을 풀어주는 과정이 아니다. 설교는 최고의 문학 작품이어야 한다. 그런 작품을 만들려면 다리 역할을 하는 인문학의 도움이 절대적이다.

예수님과 바울이 인문학자이기에 최고의 예술 작품인 성경을 만들어냈다. 그 말씀이 청중에게 멋지게 먹혔다. 예수님의 제자인 설교자는 청중에게 멋지게 먹힐 수 있는 작품을 만들기 위해 최선을 다해야 한다. 설교자가 하나님의 말씀을 작품이 아닌 상품으로 만들어 놓고서 청중에게 막가파식으로 받아들이라고 하면 안 된다.

과거처럼 '예수 천당 불신 지옥'을 외치는 것은 지양해야 한다. 그 대신 청중이 깊은 관심을 두고 받아들이는 작품을 만들려고 해야 한다. 그러려면 예수님이 인문학을 다리 삼아 청중에게 다가가셨듯이, 우리도 인문학을 다리 삼아 청중에게 감동을 주는 작품을 만들어야 한다.

2
인문학은 소통의 설교자로 거듭나게 한다

커뮤니케이션이 중요한 시대이다

언론정보대학원에서 커뮤니케이션을 한 학기 배운 적이 있다. 이전까지 설교자는 말씀에만 집중하면 된다고 생각했었는데, 커뮤니케이션을 배우면서 소통의 중요성을 깨달았다. 인문학 책을 읽으면서, 진리일지라도 인간과 커뮤니케이션이 되지 않으면 진리가 아무런 효력을 발휘하지 못한다는 것을 깨달았다.

커뮤니케이션의 전제 조건 중 하나는 상대방에 관한 관심이다. 설교자는 커뮤니케이션을 잘해야 한다. 만약 커뮤니케이션이 잘되지 않는다면 설교자의 역할을 제대로 할 수 없다.

설교자의 본보기인 예수님은 비유를 사용해 설교하셨다. 예수님께서 비유를 사용하신 것은 비유가 커뮤니케이션의 강력한 수단임을 아셨기 때문이다. 예수님께서 사용하신 비유는 공감을 얻어내는 가장 강력한 커뮤니케이션 수단이다.

한국경영정책연구원장 장정빈은《공감이 먼저다》에서 비유를 이렇게 이야기한다.

"비유해서 이야기하면 논리와 사실만을 전달하는 것보다 사람들의 뇌리에 깊이 남아 오래 기억된다. 공감하기 때문이다."

설교자가 비유를 사용해 커뮤니케이션해야 하는 이유가 있다. 말은 눈에 보이지 않는다. 보이지 않는 말을 비유를 사용해 말하면, 이미지를 만들어내어 말이 눈에 보이게 된다. 보이는 것과 함께 상상까지 할 수 있도록 해준다.

소통의 시대에 설교자는 세상이 원하는 인재가 되어야 한다. 그러려면 커뮤니케이션이 잘 되는 설교를 해야 한다.

세계적인 미래학자 다니엘 핑크Daniel H. Pink는《새로운 미래가 온다 - 예측 불가능한 미래를 대비하는 6가지 생각의 프레임》에서 새로운 미래가 필요로 하는 인재의 조건을 이렇게 이야기한다.

"커뮤니케이션 능력이 뛰어나고 창의적이며 유연한 사고를 가진 사람, 변화하는 환경 속에 역동적으로 자신의 능력을 발휘할 수 있는 사람이다."

미래 인재의 조건 중 하나가 커뮤니케이션 능력이 뛰어난 사람이다. 그렇다면 설교자는 소통의 시대에 뛰어난 커뮤니케이션 능력을 갖춰야 한다. 그리고 뛰어난 소통의 대가가 되어야 한다.

십자가는 소통의 절정이다

미래 인재의 조건 중 하나가 커뮤니케이션 능력을 갖추는 것이다. 이런 인재가 되려면 가까이 예수님으로부터 배우면 된다. 예수님은 소통의 달인이시다. 예수님께서 소통의 달인이신 것은 불통의 사람들에게 하나님과 소통할 수 있는 길을 여셨기 때문이다. 예수님이 여신 것은 다름 아닌 십자가였다.

십자가를 이야기한다고 소통이 되는 것은 아니다. 십자가가 삶이 되어야 소통이 된다. 예수님은 십자가로 설명하고 설득하셨다. 설교자 중에는 설득이 아니라 강요를 하는 사람들이 있다. 십자가는 강요가 아니었다. 능동적인 설득이었다.

설득이란 청중의 마음을 열게 함으로 그에 맞는 메시지를 전달해 태도와 신념을 변화시키는 과정이다. 이 설득의 과정을 예수님은 십자가로 하셨다. 그러자 사람들이 모두 십자가를 주시했다. 그 이후 하나님과 소통하려 몰려들었다.

소통하기 위해서는 정교한 커뮤니케이션 기술이 필요함은 물론이고, 청중에 대한 정확한 판단이 선행되어야 한다. 청중의 마음까지 읽어내야 한다.

커뮤니케이션이 중요한 시대에 설교자는 하고 싶은 이야기만 하면 안 된다. 청중에 대한 정확한 판단 아래 그들의 욕구를 충족시켜 줄 수 있는 이야기를 해야 한다.

박웅현은 《여덟 단어》에서 소통이 안 되는 세 가지 문제를 이야기한다.

> 첫째, 서로 다르다는 것을 인정하지 않는다.
> 둘째, 상대를 배려하지 않는다.
> 셋째, 하고 싶은 말을 제대로 전하지 못한다.

효과 있는 커뮤니케이션이 되려면 하고 싶은 말을 제대로 전해야 한다. 십자가란 하나님께서 하고 싶으신 말씀을 사람들에게 한 마디로 전하신 것이다.

설교자는 소통의 대가가 되어야 한다

예수님께서 십자가로 소통하신 소통의 대가셨다면 설교자도 소통의 대가가 되기 위해 불철주야 힘써야 한다. 소통하는 설교자가 되려면 두 가지가 소통되어야 한다.

> 하나는 '하나님과의 소통'이다.
> 또 다른 하나는 '청중과의 소통'이다.

이 두 가지 소통이 제대로 되려면 적용을 통해 소통을 힘써야 한다.

서울성경신학대학원대학교의 교수인 이정현은 《해돈 로빈슨의 설교학》에서 강해 설교를 이렇게 이야기한다.

"해든 로빈슨이 말하는 강해설교란 성경 본문의 의미를 청중에게 적용하는 것이라고 말할 수 있다."

그는 강해설교란 '성경 본문의 의미를 청중에게 적용하는 것'이라고 했다. 그가 적용을 강조한 것은 설교에서 소통의 역할이 중요함을 말해 준다.

십자가는 청중에게 하나님을 멋지게 적용한 것이다. 그렇다면 설교자들도 적용을 통해 청중과 소통해야 한다. 설교자는 하나님과 소통하는 일을 매우 잘한다. 문제는 청중과 잘 소통하지 못하는 것이다. 젊은이들이 교회를 떠나는 가장 큰 이유는 설교자의 소통 문제라고 생각한다.

누군가가 이런 말을 했다.

"아직도 교회는 군사정권의 군대식 구조와 별반 다르지 않다."

충격적인 말이다. 요즘 병사들은 머리도 자유롭게 기를 수 있게 한다. 하지만 교회는 청중의 자유가 많이 제한된다. 교회에서 설교자가 말하면 들어야 한다는 생각이 강하다. 설교자가 이렇게 생각하고 있다면 교회와 설교가 소통이 이루어지지 않을 확률이 높다.

'갑질'이란 말이 종종 언급된다. 갑질이 언급되는 것은 문화가 수직적이라는 말이다. 만약 기업이 갑질을 하면 큰 타격을 받는다. 직장인들은 수평적 구조인 스타트업 기업*을 선호한다. 직장인 4명 중 3명이 앞으로 스타트업 기업에 이직할 의사가 있다고 한다. 그 이유는 '자유롭고

---

* 설립한 지 오래되지 않은 신생 벤처기업을 뜻하는 미국 실리콘밸리의 용어

유연한 기업문화' 때문이다. 자유롭고 유연한 기업문화를 직장인들이
좋아한다.

설교자가 청중과 소통을 잘하려면 청중과의 소통하기 위한 여건을 갖
춰야 한다. 그리고 청중과 소통하는 일에 방해되는 것들을 제거해야 한
다. 교회의 수직적인 문화 구조, 설교의 설교자 중심 문화를 제거해야 한
다.

방향성보다는 변화의 속도가 중요하다

교회가 수직적 구조이고 설교가 설교자 중심적인 것은 변화의 시대에
변화를 따라가지 못하고 있기 때문이다. 코로나19를 거치면서 기업이
방향성 중심에서 속도 중심으로 넘어가고 있다. 그렇다면 교회도 방향
성을 유지한 채 변화의 속도를 높여야 한다.

서울대학교 소비자학과 교수인 김난도는 《트랜드코리아 2021》에서
속도가 더 중요하다고 한다.

　　　"코로나 사태로 바뀌는 것은 트랜드*의 방향이 아니라 속도다."

속도가 중요하기에 브이노믹스** 시대의 해법을 이렇게 제시한다.

---

*　동향, 추세

**　김난도 서울대 소비자학과 교수가 코로나19 시대에 부상한 '2021년 신축년 10
　　대 트랜드' 중 하나로 꼽은 것으로, '바이러스가 바꿔놓은, 그리고 바꾸게 될 경
　　제'라는 뜻이다.

"변화 대응능력을 키워라!"

기업은 변화능력을 키워야 한다. 변화의 능력을 키워야 하는 것은 기업뿐이 아니다. 교회도 변화능력을 키워야 한다. 변화능력을 키워야 하는 이유는, 세계경제포럼 클라우스 슈밥Klaus Schwab 회장이 말한 것처럼 변화 대응능력에 따라 '적응하거나 죽거나' 할 수밖에 없기 때문이다.

시대에 적응하지 못하면 100년 전통의 회사도 무너진다. 경영 컨설턴트인 박경수는 《언택트 비즈니스》에서 이렇게 말했다.

> "100년 이상 된 백화점이 변화능력을 키우지 못하니 무너졌다. 118년 된, 2019년 매출액 107억 달러인 미국의 J.C. 페니 백화점 J.C. Company, 2019년 매출액 36억 달러인 미국의 명품 백화점 체인 니만 마커스Neiman Marcus가 파산했다. 그리고 인터넷이 발달하기 전까지 지금의 인터넷 포털사이트 역할을 했던 브리태니커 백과사전 Encyclopædia Britannica은 2012년, 244년 만에 인쇄본 생산을 중단했다."

변화 대응능력을 갖추지 못하면 100년 넘은 회사들도 망한다. 박경수는 J.C 페니 백화점과 브리태니커 백과사전이 무너진 것은 기존의 사고방식을 유지하면서 사업을 혁신하려고 했기 때문이라고 말한다. 그들에게 인재가 없는 것이 아니었다. 그들은 변화는 인지했지만, 그 변화의 중요성과 파급효과를 과소평가했다. 브이노믹스 시대에는 시대의 흐름에 더 민감해야 한다. 그리고 변화에 대응하는 능력을 갖춰야 한다.

설교자, 왜 인문학을 공부해야 하는가?

설교자들은 '본질' 이야기를 많이 한다. 본질이 중요하니 본질에 충실해야 한다. 그러나 본질만 이야기해서는 안 된다. 또 한 가지, 시대에 맞게 변화 대응능력을 지녀야 한다.

설교자에게 변화의 능력을 키우는 척도는 두 가지이다. 하나는 글쓰기 능력이다. 또 다른 하나는 인문학에 관한 관심이다. 글쓰기 능력이 필요한 이유는 설교가 쉬워야 하기 때문이다. 지금은 영상 시대이므로 설교가 쉬워야 한다. 그런데 글을 쓰지 않으면 설교가 몹시 어려워진다. 청중의 귀에 들리는 쉬운 설교를 하려면 글쓰기 능력이 있어야 한다.

기업들은 변화 대응능력을 갖추려 한다. 미국의 공룡기업 아마존이다. 아마존은 코로나19 이전보다 그 이후가 더 잘나간다. 그 이유는 시대의 변화능력을 갖췄기 때문이다.

아마존은 영업 관리의 첫 번째가 '고객집착 비즈니스 모델'이다. 그 결과 브랜드 가치 500조 원으로 세계 1위의 회사가 되었다_{참고로 한국 1위인 삼성은 세계 40위이다.} 더 나아가 아마존은 미국인들이 가장 신뢰하는 기업이다. 미국 가정의 51%가 교회에 다니지만, 미국인의 52%가 아마존 프라임 회원이다.

2019년 12월 31일 기준으로 아마존은 전 세계에서 넷플릭스에 이어 두 번째로 많은 유료 가입자인 1억 2,000만 명의 아마존 프라임 회원을 보유하고 있다. 놀랍게도 코로나19를 겪으면서 아마존의 시장 장악력은 더 크게 확대될 것으로 예상된다. 아마존은 코로나19 상황에서도 온라인 주문이 폭주해 직원 10만 명을 더 채용할 계획이다.

설교자는 본질을 사수해야 한다. '성경만이 답이다.'라는 말을 뼛속 깊이 담아두어야 한다. 그러나 거기서 더 나아가 변화 대응능력을 갖추기 위해 남다르게 공부해야 한다. 변화 대응능력을 갖추려면 인문학으로 무장해야 한다. 시대의 변화능력을 갖춰 시대에 맞는 소통을 하기 위해 인문학을 공부해야 한다.

3
인문학은 질문의 사람으로 만들어준다

인문학은 질문하는 법을 배우는 학문이다

강대진 외 공저의 《인문학 명강 서양고전》에 이런 말이 나온다.

> "인문학은 자기성찰에서 출발합니다. '나는 누구인가'에 대해 스스로 끊임없는 질문을 던져야 합니다."

자기성찰을 하기 위해 끊임없이 질문하는 것이 인문학이다. 안상헌은 《통찰을 길러주는 인문학 공부법》에서 '인문학은 질문해야 한다'고 말한다.

> "인문학은 정답을 찾아내는 학문이 아니다. 삶에는 정답이 없고, 당연히 인문학에도 정답은 없다. 대신 질문이 필요하다. 자신에게 필요한 질문을 통해서 그때마다 답을 찾아나가는 것이 우리에게 필요한 인문학 공부다."

인문학은 질문하는 학문이다. 정민은 《체수 유병집 – 글밭의 이삭줍기》에서 이렇게 말한다.

"인문학은 질문하는 법을 배우는 학문이다."

그는 인문학은 '저건 뭐지?', '왜 그렇지?', '어떻게 해야 할까?'를 질문한다고 말한다. 질문은 의심과 의문에서 나온다. '저렇게 해서 될까?' '그러면 어떻게 해야 하지?' 하고 의심만 하고 있으면 오리무중에 빠진다. 질문을 제대로 해야 의문이 풀린다고 말한다.

정민 교수는 논문도 질문이 제대로 서야 문제가 풀린다고 말한다. 제대로 된 질문이 없으면, 남이 안 한 것은 어떻게 해야 할지 몰라서 포기하고, 남이 많이 한 것은 해볼 도리가 없어서 주저앉는다. 질문만 제대로 서면 남이 많이 한 것일수록 할 것투성이가 되고, 남이 안 한 것은 신이 나서 더 할 말이 많게 된다. 어떤 것이나 전인미답의 신천지이다. 그러니까 내가 지금 뭘 궁금해하는지를 똑바로 아는 것이 먼저다.

설교자가 인문학 하는 것을 인본주의라고 몰아붙일 것이 아니라, 질문하는 법을 배우는 과정이라고 생각하면 인문학에 다가가는 것이 어렵지 않다. 인문학을 통해 날카로운 질문을 할 수 있는 것만으로 그 가치는 충분하다.

질문이 답을 찾게 도와준다

질문이 중요하다. 질문에 따라 결과가 달라지기 때문이다. 설교자를

위한 묵상법인《설교자와 묵상》은 설교를 위한 '창조적성경묵상법'을
제시한다. '창조적성경묵상법'의 핵심은 다름 아닌 '질문하기'이다.
  '창조적성경묵상법'은 아래와 같이 한다.

  첫째, 성경 본문을 요약한다.
  둘째, 요약한 내용을 의미화한다.
  셋째, 질문한다.
  넷째, 답변한다.

  셋째의 질문에 따라 성경에서 어떤 메시지를 끄집어내느냐가 결정된
다.
  미국의 레이건 대통령은 질문의 중요성을 알고 있었다. 그가 이런 농
담을 했다.

    "경제학자에게 100개의 질문을 던지면 3,000개의 답변이 나올
    것이다."

  맞다. 질문을 하면 답이 나오는 것이 정상이기 때문이다.
  병아리도 어미 닭에게 질문을 한다. 어느 날 병아리들이 엄마 닭에게
질문을 했다.

    "엄마 왜 우리는 하늘을 날지 못해?"

엄마 닭이 대답했다.

"우리는 먹이가 땅에 있어서, 하늘을 날 필요가 없단다."

이처럼 질문을 하면 답이 나온다. 그러므로 끊임없이 질문해야 한다. 그리고 질문에 나온 답대로 살아가야 한다.

나는 날마다 글을 쓴다. 글을 쓸 때 가장 많이 하는 것이 질문이다. '주제에 맞게 소주제를 어떻게 잡아야 하는가?', '글을 시작할 때 첫 문장을 어떻게 시작해야 하는가?', '문단을 쓸 때 개념을 갖고 쓰는 것이 좋은가? 그렇지 않은가?' 등이다. 그리고 글을 쓰다가 더는 글을 쓸 수 없을 때도 질문을 한다. '지금 시점에서 무엇을 생각해야 하는가?'라고….

질문이 중요하다. 질문을 하면 찾을 수 없었던 답도 찾을 수 있다. 그러므로 질문해야 한다. 질문하면 미로 속에 갇혀 있다가도 미로를 빠져나갈 수 있는 길을 찾을 수 있기 때문이다.

질문이 '어떻게 살 것인가?'에 대답하게 한다

'질문사고'Question Thinking의 창시자이며, 〈질문하는 연구소Inquiry Institute〉의 설립자이자 회장인 마릴리 애덤스Marilee G. Adams는 《삶을 변화시키는 질문의 기술》에서 이렇게 말했다.

"살아가는 동안 어떤 질문을 자주 하는가에 따라 다른 인생을 살게 된다."

삶에서 질문이 중요하다. 질문이 중요한 이유는 인간 뇌가 질문을 받는 동시에 질문에 대한 답을 찾기 때문이다. 그는 어떤 질문을 하느냐에 따라 삶이 달라진다고 말한다.

> "어떤 질문을 하는가에 따라서 '학습자의 길'로 들어서기도 하고, '심판자의 길'을 걷게 되기도 한다. 심판자의 질문을 즐겨 사용하는 사람은 삶에서 문제를 먼저 찾는다. 책임을 피하기 위해 도망갈 곳을 먼저 찾고, 누구의 잘못인지를 가르고 탓하는 동안 상처와 후회, 실망을 맛본다. 반대로 학습자의 질문을 던지는 사람은 문제 안에서도 교훈을 발견한다. 자신의 책임과 능력을 최대한 발휘하면서 인생의 의미와 남은 기대를 만난다."

질문에 따라 인생이 결정되므로 이치에 맞게 합당한 질문을 해야 한다. 마치 경우에 합당한 말은 아로새긴 은쟁반에 금 사과잠 25:11가 되듯이 질문도 아로새긴 은쟁반에 금 사과처럼 해야 한다.

〈말마음 연구소Communication & Mind Lab〉 소장인 김윤나는《말그릇》에서 질문은 힘이 세다고 말한다.

> "중요한 선택의 순간, 우리에게는 질문이 필요하다. 그것은 두루뭉술한 내 마음속에서 뚜렷한 해답을 찾게 만든다. 질문은 화살표가 있기 때문에 조준점이 명확하다. 질문을 받으면 일단 그 질문에 걸리고 만다. 얼렁뚱땅 넘어갈 수는 없다. 좋은 질문일수록 머릿속에

서 맴돈다. 두고두고 곱씹게 되는 것이다. 그리고 답을 찾기 위해 생각을 하다 보면 어느새 어수선하게 널려 있던 고민들이 정리되고 생각이 말끔해진다. 질문을 제대로 사용하는 사람을 만나면 저절로 생각이 뚜렷해지고 마음이 시원해진다."

질문은 힘이 세다. 그녀의 말을 빌리면 질문은 화살표가 있어서 조준점을 명확하게 해주기 때문이다.

질문이 사람의 인생을 바꿔줄 수 있다. 이국종 아주대학교의료원 외상연구소장이 사람들에게 존경받는 이유는 그의 질문 때문이다. 그의 질문은 이렇다.

"사람의 목숨값은 평등한가?"

이 질문이 그 일을 하게 만들었다고 한다. 그만큼 질문이 중요하다. 그러므로 질문을 많이 해야 한다. 질문하면 흐릿한 것도 뚜렷해진다. 질문이 힘이 세니 할 수만 있다면 질문하고, 틈만 나면 질문해야 한다.

김윤나 소장은 질문할 때는 아래의 3가지 사항을 꼭 염두에 두라고 한다.

첫째, 질문하고 나면 반드시 기다릴 것, 절대로 먼저 답하지 말 것.
둘째, 답의 수준을 따지지 말고 무조건 인정할 것.
셋째, 답변을 살리는 피드백을 추가할 것(아주 간단히).

그녀가 이런 질문을 할 때 꼭 염두에 두는 사항은 다름이 아니라 한 사람을 세워주는 것이다. 사람이 질문하면 생각지 못한 생각을 하게 된다. 그 질문을 통해 어떻게 살아야 하는가에 대해 심각한 고민을 하게 된다. 결국 한 사람이 질문을 통해 이전과 다른 삶을 살아가게 된다.

소크라테스Socrates의 대화법은 요청자에게 직접 답을 제시하지 않는다. 대신 그는 물음을 가지고 찾아온 사람이 스스로 대답을 내놓을 수 있도록 안내한다. 그래서 직접 출산하는 것이 아니라 출산을 할 수 있도록 도와주는 기술이라는 의미에서 '산파술'이라고도 한다.

설교자는 청중에게 답을 주려고 하면 안 된다. 설교에서 성경에 이미 답이 주어져 있다. 이미 답이 주어져 있지만, 청중이 하나님의 뜻을 이루는 삶을 살려면 스스로 질문할 수 있도록 만들어주어야 한다. 그러려면 스스로 답을 찾아갈 수 있도록 스스로 질문할 수 있는 설교를 해야 한다.

4

인문학은 눈높이에 맞추는 사람이 되게 한다

청중의 눈높이를 고려하라

설교자는 눈높이를 잘 맞추는 사람이다. 하나님은 사람의 눈높이에 맞추는 데 명수이시다. 하나님은 십자가로 청중과 눈높이를 맞추셨다. 십자가에서 죽지 않으면 사람들이 구원받는 길에 들어설 수 없음을 아셨기에 눈높이를 맞추셨다.

설교자는 눈높이를 잘 맞추고 있는가? 나는 그렇게 눈높이를 잘 맞추지 못한다. 신학교에서 '설교자는 하나님의 종'이라는 말을 듣고 눈높이를 맞추지 못하는 사람이 되어 나왔다. 엉덩이에 뿔 난 사람이 된 것이다. 그 결과 아내와 아들에게 눈높이를 맞추지 못했다. 청중들에게도 눈높이를 맞추지 못했다. 지금에서야 눈높이를 맞추려고 몸부림을 치고 있는데 잘되지 않는다.

설교자들은 한 가지 눈높이는 잘 맞춘다. 하나님의 눈높이에 맞추는 데는 명수다. 그러나 이제는 청중의 눈높이에 맞추는 데 능숙해져야 한다.

세상을 보라. 세상 사람들은 상대방의 눈높이에 기가 막히게 맞춘다. 유아 프로그램은 유아 눈높이에 맞춰져 있다. 어린이 만화 프로그램은 어린이에 맞춰져 있다. 장수 프로그램은 노인들에게 맞춰져 있다.

그런데 설교자는 눈높이 맞추기에 초보자와 같다. 하나님의 눈높이에 맞추며 살다 보니 청중 눈높이에 초보가 되어버린 것이다. 이젠 청중의 눈높이에 맞추는 일에도 능숙해야 한다.

세상은 눈높이를 못 맞추면 설 자리가 없다

세상은 고객의 눈높이에 맞추지 못하면 설 자리가 없다. 코로나19 이후 주위에 문을 닫은 곳이 많다. 이런 와중에서도 장사가 잘되는 곳이 있다. 그 차이를 가져온 것은 '고객의 눈높이에 맞추었는가?'이다.

장사도 손님 눈높이에 맞추는 것이 관건이다. 백종원은 《백종원의 장사 이야기》에서 소비층을 섬세하게 정하고 눈높이를 분석하라고 한다. 그는 식당을 할 때 이렇게 하라고 말한다.

> "식당을 준비하는 데 있어 제일 중요한 '경험'을 했다면, 그다음은 '눈높이'를 맞추는 것이다."

그는 모든 고객에게 맞추려고 하지 말고, 내가 정한 소비층의 눈높이에서 바라보고 맞추라고 충고한다. "눈높이를 맞추려면 한 가지 기억할 것이 욕심을 버리는 것이다. 그는 식당을 만들면서 모든 소비층에 만족을 주려고 하면 안 된다고 말한다. 즉 내 식당을 모든 사람이 찾기를 바라면 절대 안 된다는 뜻이다.

> "식당을 창업할 때는 소비층을 세분화할 필요가 있다. 그 층을 찾
> 아서 내가 할 프랜차이즈와 맞추고, 내가 할 식당의 주 고객을 찾아
> 야 한다. 그다음 할 일은 내가 그 층의 고객이라면 뭘 원할까를 끊임
> 없이 고민하고 찾아다녀야 한다. 대박이 나고 있는 집은 이미 소비
> 층이 광범위해졌기 때문에 분석에 별로 도움이 안 된다. 다만 어떤
> 메뉴로 시작해서 대박이 났을까를 분석하는 것은 좋다. 내가 정한
> 소비층의 눈높이에서 바라봐야 한다. 메뉴는 단일 메뉴 위주로 가는
> 대신 질리지 않아야 한다. 또 평수가 작으면 포장을 해서 갈 수 있는
> 메뉴를 만들어야 한다. 앉아서만 먹으면 절대 승부가 나지 않는다."

음식의 눈높이를 맞추기는 쉽지 않다. 일단 나를 버리고 소비자의 눈
으로 봐야 한다. 소비자의 눈높이에서 벤치마킹을 할 수 있어야 한다. 이
때 절대 하지 말아야 하는 것이 내 주관을 섞은 분석이다.

백종원은 고객 눈높이 맞추기에 가장 많이 신경을 쓰라고 말한다. 그
가 질문한다. "홀이 중요한가? 주방이 중요한가?" 주인장은 주방에 있기
에 주방이 중요하다고 생각할 수 있다. 그러나 중요한 곳은 홀이라고 그
는 말한다. 그 이유는 홀에서는 자존심이 상하는 일이 자주 일어나기 때
문이다. 사장은 자존심 상하는 상황을 겪으면서도 고개 숙일 줄 알아야
한다고 말한다. 고개를 숙일 때 손님이 다시 찾기 때문이다. 그는 손님
눈높이 맞춤의 중요성을 이렇게 이야기한다.

"손님은 음식 맛도 중요하지만 자기를 알아줘야 다시 찾는다. 군만두를 서비스로 하나 더 준다고 해서 손님이 또 오는 것은 아니다. 손님들에게 괜히 기대치만 높여주기 때문이다. 가장 좋은 것은 '아는 척'이다. 기본적으로 맛이 좋다면 손님은 '나'를 알아주는 곳을 다시 찾기 마련이다. 사장은 주방과 홀을 종횡무진하면서 홀 사람보다 더 많이 움직여야 한다. 그게 가장 중요하다."

눈높이를 맞추는 것은 기분이 좋을 때는 맞추고, 기분이 좋지 않을 때는 맞추지 않는 것이 아니다. 무조건 눈높이에 맞추어야 한다. 그것이 살길이기 때문이다.

눈높이를 못 맞추면 실패가 기다리고 있다

상대방의 눈높이에 맞추지 못하면 어떻게 되는가? 실패가 기다리고 있을 확률이 높다. 상대방의 눈높이를 맞추지 못해 설득에 실패한 공자의 제자 자공의 이야기가 있다. 이 이야기는 《여씨춘추》에 나온다.

"공자 일행이 길을 가다가 쉬기 위해 잠시 멈췄는데, 타고 다니던 말 한 마리가 빠져나가서 남의 농작물을 뜯어먹었다. 그러자 그 밭의 주인이 말을 붙잡아 버렸다. 말솜씨가 뛰어난 것으로 자타가 공인하는 제자 자공이 설득하겠다고 나섰고, 열심히 설득했지만 농부는 꿈쩍도 하지 않았다. 이때 공자를 막 따라나섰던 한 시골뜨기가 나서서 그 농부를 만나 말했다. '그대가 동해에서 농사를 짓지 않고,

나 또한 서해에서 농사를 짓지 않으니, 나의 말이 어찌 당신의 이삭을 뜯어 먹지 않을 수 있겠소?' 그러자 그 시골 농부는 크게 공감하고, 기쁘게 말을 풀어서 넘겨주었다. '아까 왔던 사람과는 달리 훌륭한 말솜씨를 지녔구려.'"

눈높이를 맞추지 않았을 때는 말솜씨로 해결하지 못했다. 하지만 말솜씨는 별로 없는 시골뜨기의 눈높이에 농부는 크게 공감하고, 기쁘게 말을 풀어서 넘겨주었다. 결국 말솜씨보다 중요한 것은 눈높이라는 것이다.

강원국은《강원국의 글쓰기》에서 공감 능력을 높이라고 말한다. 독자에게 눈높이 맞추기가 글쓰기에서 중요하기 때문이다. 작가가 공감 능력을 높여야 하는 이유가 있다. 사회적 공감 능력이 높은 사람이 사회를 변화시키고, 많은 사람에게 영향을 주는 글을 쓰기 때문이다. 그는 공감 능력이 풍부한 사람의 글의 특징 몇 가지를 이야기한다. 그 중 첫 번째가 이렇다.

"쓰려는 대상에 눈높이를 맞춘다."

그는 스스로 연탄재가 되어 보고, 꽃이 되어 보라고 한다. 문제 해결도 눈높이가 중요하다. 글을 쓰는 것도 눈높이가 중요하다. 만약 눈높이에 맞추지 못하면 어려움 당하는 것으로 그치지 않는다. 쓰디쓴 잔을 마시는 실패로 끝난다.

눈높이 맞추기에 실패하는 이유는 인문학 외면 때문이다

교회는 세상과 눈높이 맞추는 데 최고여야 한다. 코로나19 확산의 중심에 교회가 있었다. 그 이유는 세상과 눈높이를 맞추기에 실패했기 때문이다.

나는 《설교는 인문학이다》에서 눈높이를 맞춘 예수님을 이렇게 설명했다.

"예수는 인문학자였다."

예수님은 신성과 인성을 가지셨다. 예수님께서 인성을 가지셨다는 것은 완벽하게 인간의 눈높이에 맞추었다는 말이다. 예수님뿐만 아니라 인문학자인 바울도 눈높이 맞추는 데 최고였다. 바울이 한 말을 통해서 알 수 있다.

나는 비천에 처할 줄도 알고 풍부에 처할 줄도 알아 _빌 4:12

바울은 눈높이 맞추는 데 최고의 경지에 올라 있었다. 그 결과 전도자로서 최고의 삶을 살 수 있었다. 눈높이를 맞추는 데 능숙했던 바울은 전도자로 살아갈 때 유대인에게도 다가갈 수 있었고, 이방인에게도 다가갈 수 있었다.

E. F. 슈마허Ernst Friedrich Schumacher는 《작은 것이 아름답다 - 인간 중심의 경제를 위하여》에서 의도적인 작은 교회는 목회 현장의 눈높이에 맞추

어가기를 바란다고 말한다.

> "의도적인 작은 교회는 큰 교회를 비난하지 않는다. 자발적인 하향 이동과 권리 포기와 내려놓음을 통해 목회 현장의 눈높이에 맞추어가기를 바랄 뿐이다."

작은 교회가 생존의 시대에 생존하려면, 가장 먼저 관심을 기울일 것이 신학 공부가 아니라, 눈높이 맞추는 데 도움이 되는 인문학 공부이다. 설교자는 인문학을 해야 한다. 인간 이해, 인간 마음 살피기를 해야 한다. 인문학을 통해 인간을 더 소중히 하고 눈을 맞춤으로써 설교가 세상 사람들 마음에 파고들 수 있게 해야 한다.

청중의 눈높이에 맞추려면 일상용어를 사용하라

설교할 때 원어를 많이 사용하는가? 설교자들은 원어 사용하기를 좋아한다. 나도 예전에 원어 사용하기를 좋아했었다. 원어를 사용하면 교인들에게 유식하게 보이는 것은 물론, 교인들이 잘 이해할 것으로 생각했다.

설교할 때 외국어를 많이 사용하는가? 영어 등 외국어를 많이 사용하는 것도 청중의 눈높이에 맞추기에 실패한 것이라고 할 수 있다. 그러면 어떻게 해야 하는가? 설교자는 설교에서 일상용어 사용으로 청중의 눈높이에 맞춰야 한다. 예수님은 설교 때 신학 용어와 전문용어를 사용하지 않고 일상용어를 사용하셨다. 이는 예수님께서 비유를 사용하신 것을 보면 알 수 있다.

조윤제의 《말공부》에서 전문가의 시대에 전문가는 자신의 빛을 줄이고 세상과 눈높이를 함께하는 자세가 필요하다고 한다.

"흔히 전문가라고 하면 전문용어를 남발하면서 어려운 영어도 섞어 말하는 사람으로 오해한다. 하지만 전문가는 어렵게 말하는 사람이 아니라 아무리 어려운 말도 쉽게 풀어서 말할 수 있는 사람이다. 많이 배우지 못해 무식한 사람도 충분히 알아들을 수 있도록 말하는 사람이 진정한 전문가이다."

그의 말처럼 전문가는 어렵게 말하는 사람이 아니다. 아무리 어려운 말도 쉽게 풀어서 말할 수 있는 사람이 진정 전문가이다. 설교자는 예수님처럼, 바울처럼 전문용어가 아닌 일상용어를 사용해야 한다. 일상용어로 청중의 눈높이에 맞추어야 한다.

인문학을 통해 인간을 더 연구하라

설교자는 인간을 많이 연구해야 한다. 특히 신학을 오랫동안 공부했다면 인간을 연구하는 인문학에 많은 시간을 투자해야 한다. 인문학을 공부하면, 청중의 눈높이를 맞춰 설교하고자 몸부림을 더 치게 되기 때문이다.

KBS 방송국 아나운서이자 우리나라 휴먼 커뮤니케이션 박사 1호인 김은성은 《파워스피치》에서 청중의 눈높이를 맞춰 말하는 스피치의 중요성을 말한다.

"성공적인 설득을 하고 싶다면 우선 상대방으로부터 호감을 얻고에토스, 감정에 호소한 다음파토스, 논리적 근거를 제공하고로고스, 마지막으로 상대방이 마음을 바꾸지 않도록 다시금 인격적 호감에토스을 주는 순환 과정이 필요하다. 현인처럼 생각하고 범인처럼 말하라."

설교자는 가장 논리적으로 생각하고 말해야 한다. 그리고 청중과 눈높이를 맞춰 말해야 한다. 그러려면 수사학, 논리학, 심리학 등의 공부를 많이 해야 한다. 이렇게 해야 하는 이유는 설교자는 사람을 대상으로 설교하기 때문이다. 설교자는 하나님의 뜻이 뭔지를 알아야 한다. 그리고 청중의 눈높이를 맞추도록 사람을 알아야 한다. 그럴 때 눈높이를 맞추는 설교자로 세워진다.

설교자, 왜 인문학을 공부해야 하는가?

5

인문학은 설교자의 삶과 설교, 그리고 미래에 답이 된다

인문학은 삶에서 발생하는 고민에 답이 된다

정민 교수는 《체수 유병집 – 글밭의 이삭줍기》에서 이렇게 말했다.

> "문학이 삶에 직접적인 해답을 주지는 않는다."

인문학은 삶에 직접적인 해답을 주지 못한다. 오로지 하나님만이 삶에 직접적인 해답을 주신다. 인문학은 인간의 삶의 일정 부분에 답을 준다. 인문학이 인간의 관심과 고민에 해결책을 제시해주기 때문이다.

코로나19는 삶을 불안하게 만들었다. 어떤 사람들은 코로나19로 인해 불안을 지나 절망의 시기를 보내고 있다. 이럴 때 인생의 답이 아닐지라도 인문학이 희망만이라도 줄 수 있다면 반갑게 마주하고 싶어진다. 이럴 때 설교자는 문제에 해답을 주는 데 도움을 받기 위해 인문학에 관심을 가져야 한다.

신기수 외 3인이 쓴 《이젠, 함께 읽기다》에서는 불안한 미래에서 내가 서는 데 필요한 공부가 바로 인문학이라고 말한다.

> "불안한 미래에서 내가 바로 서기 위해 필요한 공부가 바로 인문 학이다. 언제 어떻게 시련이 닥칠지 모를 세상사에서 어떤 주관을 가지고 지혜롭게 살아갈 것인가. 다른 사람과 어떻게 관계 맺으면서 살 것인가. 어떻게 하면 행복한 인생을 살 수 있는가를 묻고 답하는 과정이 바로 인문학 공부이다. 바로 인문학은 '어떻게'에 대한 답을 하는 학문이다."

그가 말한 것처럼 행복한 인생을 살 수 있는가를 묻고 답하는 과정이 바로 인문학 공부라면, 인생의 한 토막을 사는 설교자도 인문학을 통해 삶의 한 부분을 채워야 한다. 불안과 절망의 시대에는 문제를 풀어낼 수 있는 창의적인 것이 생성되어야 하기 때문이다.

다보스 포럼에서 칼라일 그룹의 창업자이자 CEO인 데이비드 루벤스타인Rubenstein은 '전문직을 위한 지식은 취직 후에 쉽게 습득할 수 있거나 다시 배워야 하는 것'이라고 말했다. 하지만 '인문학은 직장에서 습득될 수 없는 것'이라 했다. 그 이유는 인문학은 금방 습득되지 않기 때문이다. 인문학에서 집중적으로 가르치는 비판적 사고나 문제 해결 능력, 그리고 창조적 태도는 오래전부터 습득해야 하는 것이기 때문이다.

인문학은 생각의 과정을 통해 서로 소통하고 통합하게 한다. 그 결과 인간의 삶을 심오하고 풍요롭게 해준다.

인문학은 삶의 안목을 열어준다

인문학은 불안한 삶에 어떻게 살 것인가에 대한 안목을 열어준다. 인문학이 주는 것은 다른 것이 아니다. 인문학은 '세상을 어떻게 살 것인가?' 더 나아가 '어떻게 삶을 성공적으로 살 것인가?'에 대한 안목을 가져다준다.

20세기 초 프린스턴 대학에 국제관계학 학교가 처음 세워졌을 때 설립자인 드윗 클린튼 풀의 철학을 보면 이러한 인문학의 통합적 거대 가치가 잘 드러나 있다. 그는 학교를 세우면서 학생들의 교육을 경제적 지식이나 전문직에 필요한 소양에 초점을 맞추기보다, 학생 개개인들이 세계 공동체를 품을 수 있을 만큼 폭넓은 문화를 경험하고 배우기를 희망했다. 학생들이 다른 언어, 다른 문화, 다른 역사, 다른 종교를 공부함으로써 간접적으로 그들의 삶과 만날 수 있다고 기대했다. 즉 학생들의 안목을 열어주기 위해 힘을 쓴 것이다.

미국에서 유일하게 전국지로 발행되는 일간 신문인 미국의 〈USA TODAY〉에서 조사한 내용에 따르면, 미국 100대 기업 CEO 가운데 경영학 관련 전공을 한 사람들은 거의 없다고 한다. 그러면 뭘 공부한 사람들일까? 그들 대개는 인문학을 공부한 사람들이다. 그 이유는 인문학이 사람의 안목을 열어주기 때문이다.

미국의 대표적인 투자가들인 피터 린치나 조지 소로소, 앙드레 코스툴라니, 벤저민 그레이엄, 존 템플턴, 마크 파버 등만 보더라도 그들 모두가 철학 등의 인문학에 심취하거나 전공을 한 사람들이다. 조지 소로소는 심지어 철학자 칼 포퍼의 제자다.

그들이 왜 인문학 출신인가? 기업을 진두지휘하는 자리에 인문학 출신을 갖다 놔야 더 많은 이윤을 창출하기 때문이다. 인문학 출신이라야 변화의 흐름에 부합하는 정확한 의사 결정을 하여 돈을 더 잘 벌 수 있기 때문이다.

박웅현은 《인문학으로 광고하다》에서 이런 말을 한다.

> "잘 만들어진 현대적인 광고는 제작 기술과 세련된 정도가 기준이 되는 것이 아니다. 시대정신을 얼마나 담고 있느냐가 중요하다."

그리고 덧붙인다.

> "창의성의 원천 가운데 가장 중요한 하나가 바로 인문학적 소양이다."

인문학을 해야 한다. 인문학이 시대의 맞는 안목을 열어주기 때문이다.

인문학은 설교의 답이 된다

설교에 대한 나의 생각은 이렇다.

> "설교는 마음과 마음의 연결이다."
> "설교는 삶과 삶의 나눔이다."

이는 신학을 한 목사가 인문학 책을 읽으면서 설교에 관해 정리한 생각이다. 설교는 설교자가 중요하다. 설교는 설교자의 삶이 중요하다. 설교자의 독서하는 삶, 말씀과의 씨름, 청중에 대한 애틋함 등이 중요하다.

인문학이 설교자의 답이 되는 데 결정적인 역할을 하는 것은 소통이다. 설교자가 인문학을 공부해야 할 이유는 청중과 소통하기 위해서이고, 그러려면 청중을 알아야 한다. 청중을 알지 못하고 하는 설교는 가라지가 될 확률이 높다.

나는 인문학을 공부하지 않았다면 설교에 답을 찾지 못했을 것이라는 생각을 많이 한다. 나는 나의 설교를 좋아할 수 있었을 것이다. 하지만 아내는 평생 내 설교에 불만족하였을 것이다. 소통에 실패했을 것이 자명하기 때문이다.

요즘에는 아내와 아들이 나의 설교에 대해 설교 뒤 종종 박수를 쳐준다. 과거에는 설교로 인해 아내와 다투는 것이 일상이었다. 지금의 변화는 인문학을 공부한 덕이 크다.

나는 인문학을 공부하면서 청중과 소통하는 것이 얼마나 중요한지를 깨달았다. 등장인물의 마음 읽기의 가치를 알았다. 성경이 해석만으로 하는 것이 아니라 설교 구성, 글의 구성, 글쓰기, 낯선 적용이 중요함을 배웠다.

설교자는 모든 학문에 능통한 것이 최상이다. 많은 설교자는 신학에 전문가일 경우가 태반이다. 그러나 인문학적 요소가 들어가지 않으면 청중은 저절로 괴로워질 수밖에 없다.

설교자가 인문학을 공부해야 할 또 다른 이유는 설교를 듣는 청중의 눈이 높아졌기 때문이다. 2020년도 대학진학률이 72.5%에 달한다고 한다2019년도는 70.4%. 대부분 대학을 가는 상황에서 지적인 기본이 닦여져 있는 청중을 설득하려면 설교자가 더 많이 공부해야 한다. 융합과 창의성의 시대에 인문학 공부는 당연하다.

코로나19로 목회 상황이 최악이 되었다. 목회가 되지 않는다고 한다. 목회자가 성경을 몰라서가 아니다. 인문학적 소양이 부족하기 때문이다. 인문학적 소양이 부족하면 청중의 니즈*와 원츠**를 파악하기에 한계가 있다. 그러므로 설교자는 인문학 공부를 통해 설교에 답을 찾아야 한다.

청중과의 소통이 설교자의 답이다.

독일의 시인이자 철학자인 니체Friedrich Wilhelm Nietzsche가 이런 말을 했다.

"과거에 집착하는 사람은 새로운 것을 낯선 것, 불편한 것으로 받아들이고, 결국 변화보다 불변, 차이보다 동일성에 의존하게 된다."

---

* 생활자의 생리적, 신체적인 욕구란 뜻. 이를테면 공복을 채우고 추위를 막는 등의 단순한 욕구나 결함되어 있는 것을 채우고 싶다는 생각 욕구를 총칭한다. 「필요·필수품」 등이 여기에 해당되며, 이것이 충만하게 되면 욕구 레벨도 원츠wants로 고도화해 간다.

** 「욕구·가지고 싶은 욕망」이란 뜻으로, 소비자 개인의 생활체험에 기초한 특정화된 욕구. 상품에서는 실용에 비교 확인한 필수품보다도 오히려 취미적인 요소가 강한 개성적인 상품을 말할 때가 많다. 필요품이라고도 하며 니즈needs와는 구별되어 사용한다.

이 말이 작금의 우리나라 설교자들에게 매우 적합한 말이라 생각한다. 예수님은 왜 청중 이해에 집중했는가? 설교자들은 왜 청중 이해에 소홀한가? 이는 인문학에 대한 소양 여부이다. 예수님은 인문학자였다는 것에서 볼 수 있듯이, 예수님은 청중에 관한 연구를 많이 했다. 예수님은 청중에 맞추기 위해 신학과 융합된 인문학으로 설교를 했다.

설교자들은 신학자가 되는 것이 족하다고 생각하므로 말씀 연구만큼 청중 연구를 하지 않는다. 그 결과 신학만으로 설교하는 것을 정답이라고 생각한다. 그 결과 성경 해석, 성경 본문 언급 등으로 설교를 꽉 채운다. 그로 인해 청중은 삶에 적용하는 것을 중요하게 여기지 않게 된다. 그러면 청중은 설교를 '좋은 말'로만 받아들이기 쉽다. 좋은 말로 받아들이게 되니, 스스로 하나님의 자녀로 변화하기 위한 몸부림을 하지 않게 된다.

코로나19로 인해 10년 이내에 젊은이 3명 중 1명이 교회를 나오지 않을 것이라고 한다. 젊은이뿐만 아니라 어른 중에도 교회를 다니고 싶지 않다는 사람들이 많다. 그 이유는 설교자의 신학이 부족해서가 아니라 인문학이 부족해서이다. 인문학 부족으로 인해 청중을 배려하지 않기 때문이다.

젊은 설교자들이 앞으로 목회가 절벽이라고 불안해한다. 이를 타개하기 위해서는 청중의 마음을 연구하고, 세상을 이해하며, 청중의 원츠를 알기 위해 인문학에 많은 시간을 투자해야 한다.

나는 신학만을 공부한 상태로 설교를 할 때는 설교하기가 무척 괴로웠다. 하지만 인문학을 공부한 뒤 설교는 물론 삶이 아주 많이 행복해졌다.

인문학은 미래에 답이 된다

21세기 설교자가 설교, 사역, 삶에서 미래의 꿈을 꾸려면 반드시 인문학과 친해야 한다. 그것은 코로나19 이후에 인문학이 답이 되기 때문이다. 인문학이 답이 되는 설교자는 인문학 공부에 많은 열정을 불태워야 한다.

신학자인 베드로는 유대인에게만 복음을 전했다. 그러나 인문학자인 바울은 유대인은 물론 헬라인, 로마인에게까지 복음을 전했다. 하나님도 인문학자인 바울을 미래의 답으로 보신 것이다. 하나님 나라에 바울이 미래였듯이, 설교자의 미래에 인문학이 답이 되어줄 수 있다.

코로나19로 뉴 노멀의 시대가 되었다. 뉴 노멀 시대가 되자 세상은 인문학을 지나 예술과 자연과학까지 나아가려 한다. 설교자는 인문학을 받아들이지 않으면 안 되는 지경에 이르게 되었다.

나는 설교자들에게 글쓰기를 가르치고 있다. 내가 이 일을 할 수 있는 이유는, 인문학에 관심을 가졌기 때문이다. 나는 13년째 인문학 위주로 독서를 해왔다. 이제 인문학의 시대가 되자 인문학이 내가 누구인지를 대변해주고 있다.

나는 매일 5시간 이상 글을 쓴다. 어떤 날은 8시간 이상 글을 쓴다. 인문학을 공부했기에 글쓰기가 가능해졌다. 그리고 다작이 가능해졌다. 신학만 오랫동안 한 사람들은 다작을 잘하지 못한다. 하지만 인문학 독서를 위주로 다양한 독서를 했기에 다작을 할 수 있다. 결국 인문학이 미래가 없던 사람을 미래의 주인공으로 만들어주었다.

앞으로 10년 전후는 인문학을 한 설교자가 설교자의 답이 될 것이다.

지금까지 신학 위주로만 공부한 설교자는 반드시 인문학 공부를 병행해야 한다.

에필로그

설교자는 인문학에 집중해야 한다

설교자는 인문학을 공부해야 한다. 인문학이 설교, 사역, 삶, 미래에 도움이 되기 때문이다. 설교자는 신학을 했다면 인문학 공부를 통해 이 둘이 균형을 이루도록 해야 한다.

목회자는 말씀과 기도의 두 날개를 달아야 날 수 있다고 했다. 마찬가지로 설교자는 신학과 인문학으로 두 날개를 달아야 시대가 원하는 설교자가 된다. 현실은 설교자 주위에는 온통 신학 천지다. 신학교에서도 신학만 강조한다. 그 결과 사람과 만나, 사람을 상대로 목회를 하고 설교를 할 때 부딪힘을 경험한다. 이는 인문학의 결핍이 심각하기 때문이다.

나는 이 고통을 먼저 겪었다. 후배들이 이런 고통을 겪지 않기를 바라는 마음이 크다. 이런 의미에서 이 책을 썼다. 인문학은 우리나라의 발전에 큰 원동력이 되었다. 이는 인문학이 우리나라의 중요한 시기에 한 역할을 통해서 알 수 있다. 대구대학교 한국어문학과 교수인 양진오는 〈교수신문〉에서 인문학을 시대별로 이야기한다.

"1980년대의 인문학은 죽어가는 학문이 아니었다. 1980년대의 인문학은 살아 움직이는 생명체였다. 전두환 독재 정권이 질식시킨 나라의 민주주의를 살리는 일급 비책이 인문학이었다. 1980년대의 인문학은 저항의 최전선에서 전두환 독재 정권과 싸웠다. 학교와 학과를 가리지 않았다. 신입생들은 조세희의 《난장이가 쏘아올린 작은 공》을 '난쏘공'으로 부르며 선배들과 토론했다. 황석영, 윤흥길의 소설을 더불어 읽었다. 김지하의 시는 술집에서 노래로 불렸다. 철학 서적을 읽고 사회과학 서적을 읽었다. 읽고, 토론하고, 마시고, 노래 불렀다. 이처럼 1980년대의 인문학은 시대의 경전이었다."

세상에서 인문학이 시대의 경전으로 중요한 역할을 했다면, 설교자에게도 역시 중요한 역할을 한다. 홍익대학교 광고홍보대학원장인 성홍열은 《딥씽킹 – 스마트 시대, 인간을 인간답게 하는 생각》에서 세계적인 경영자들이 인문학에 집중한다고 말한다. 그 이유는 인문학은 인간에 대한 이해와 통찰력을 주기 때문이라고 한다.

인문학은 인간에 대한 이해와 통찰력을 준다. 그러므로 인간에 대한 이해와 통찰력이 필요한 설교자도 인문학에 집중해야 한다.

작금에 인문학은 설교자의 생존과 직결된다

과거에는 설교자에게 인문학이 그리 필요하지 않을 때도 있었다. 그러나 지금은 그렇지 않다. 설교자에게 인문학이 반드시 필요하다. 설교자의 생존과 직결될 정도가 되었기 때문이다. 지금은 설교자가 설교할 때, 낯설게 설명하고, 감동 있게 논증하며, 삶에 와닿게 적용해야 한다. 인문학은 설교자의 이런 고민을 해결해줄 수 있다.

영화로도 유명한 소설 〈마션〉의 주인공 마크 와트니는 식물학자인 동시에 기계공학자였다. 화성 탐사 임무 도중 사고로 고립된 그는 식물학자인 자신의 특기를 살려 감자를 재배하여 생존할 계획을 세운다. 가장 큰 문제는 물을 어떻게 만들어내느냐는 것인데, 그는 우주 비행사의 과학지식을 총동원해 물을 만들어내는 데 성공한다.

그가 만일 식물학자이기만 했다면 물과 공기를 생성할 방법을 결코 알아낼 수 없었을 것이다. 또한 기계공학자이기만 했더라도 세균 하나 없는 화성의 흙으로 감자를 키우는 방법을 알아낼 수 없었을 것이다. 마크 와트니는 식물학자이며 동시에 기계공학자였기에 감자 재배에 성공하고, 생존할 수 있었다.

마찬가지로 설교자가 21세기에 생존하려면 한 가지 영역의 전문가로는 부족하다. 두 가지 이상의 전문가여야 한다. 설교자는 신학 전문가이다. 이제는 인문학에도 전문가여야 한다.

설교자에게 가장 취약한 것은 인문학이다. 다른 것이 아닌 교양 지식이다. 교양 지식이 없으면 코로나19 기간에 대구의 신천지교회, 상주의 인터콥, 대전의 IM 선교회, 서울의 전광훈 목사처럼 교양 없이 행동하는 것을 신앙으로 착각한다.

유럽 기독교는 교양인문의 수준이 세상 사람보다 낮아졌기 때문에 추락하게 되었다. 한국교회도 교양인문의 수준이 세상보다 낮아져 혐오의 수준에 이르게 되었다. 그렇다면 교회가 할 것은 교양 수준을 높이는 것이다. 교양 수준을 높이려면 인문학을 공부해야 한다. 곧 신학과 인문학 공부를 병행해야 한다. 신학과 함께 인문학을 공부해야 생존력을 기를 수 있다.

신학만 아니라 인문학도 함께 공부하라

"신학만 공부하지 말고 인문학도 함께 공부하라."

이 책을 마감하는 나의 간절한 외침이다. 그리고 목회의 영역에 공부를 포함해라. 목회의 영역에 공부를 포함해야 하는 이유는 세상은 지식으로 구성되어 있기 때문이다. 세상이 지식으로 구성되어 있다면 설교자는 공부를 더 많이 해야 한다. 설교자가 세상 리더보다 더 낫지는 못할망정 뒤떨어지지는 않아야 한다.

지금 우리나라의 대학교 진학률은 70%가 넘는다. 성인 25~64세 한국 국민 중 절반이 대졸자이다. 이는 캐나다59.4%, 일본52.7%, 룩셈부르크51.6%, 이스라엘50.2%에 이어 세계 5위에 해당하는 순위이다.

우리나라 성인의 절반 이상이 대학 공부를 했다면 설교자의 지적 수준이 높아야 하는 것은 당연하다. 그리고 세상이 인문학적 지식수준이 높다면 설교자도 인문학 지식수준을 높여야 한다. 더 나아가 학력과 지식이 높아진 청중들을 하나님께로 이끌려면 그들보다 훨씬 더 다양한 지식을 가져야 한다.

인문학을 공부하지 않으면 세상에 빼앗긴다

김형석 교수는 2015년 8월 24일 자 한국일보와의 인터뷰에서 이렇게 말한다.

"목사들은 교리만 말하고, 교인들은 설교만 듣고 독서 안 해. 그 결과 사람들을 무신론·인문학에 뺏겨."

　그는 사람들을 무신론·인문학에 빼앗긴다고 말한다. 유튜브 전성시대다. 유튜브 전성시대에 청중이 설교를 많이 보거나 신앙과 관련된 강의를 많이 듣는가? 사람들은 급격하게 인문학으로 무장된 세상 강사의 강의나, 세상의 좋은 강의에 몰려들고 있다.

　김형석 교수의 말처럼 청중을 인문학에 빼앗기고 있다. 청중을 인문학에 빼앗기고 있다면, 청중들을 하나님께로 인도하기 위해 인문학 공부를 해야 한다.

　황당하게도 인문학을 인본주의라고만 이야기하지 말고, 인문학 공부에 열정을 불태워야 한다. 신학을 제대로 했다면 인문학을 한다고 인본주의에 빠지지 않는다. 인본주의 때문에 인문학 공부를 회피하는 것은 구더기가 무서워 장을 담그지 못하는 것과 같다. 설교자는 이런 우를 범하지 않기를 바란다. 더 나아가 청중을 세상에 빼앗기지 않기를 애타는 마음으로 소망한다.

2021년 5월
코로나19를 거치며, 인문학이 설교자들에게 불타오르기를 바라며
김도인 목사가